erbrechen!

machen Karriere!

aktionär!

nieren das Alter!

er Dümmere!

an der Jahrtausendwende

wahren Tierfreunde!

ge Handlung!

faule Jugend!

● ● ●

Esther Vilar

DENKVERBOTE

ESTHER VILAR

Denk
ver
bote

TABUS AN DER

JAHRTAUSENDWENDE

GUSTAV LÜBBE VERLAG

Wenn nicht Meinung gegen Meinung
offen gesagt ist, so kann man nicht
die bessere herausnehmen.

Artabanos,
bei Herodot

für Misha
zum 23. 4. 2000

INHALT

Einleitung

Unverrückbare Denkverbote

Weichende Denkverbote

Entstehende Denkverbote

Verzeichnis der Veröffentlichungen
    von Esther Vilar

EINLEITUNG

Das nächste Jahrtausend ist nicht mehr fern, und abgesehen von ein paar Optimisten gibt es wohl niemanden, der sich paradiesische Zustände von ihm erhofft – das Ende von Krieg, Rassismus, Hunger, Einsamkeit. Die Mehrheit erwartet eher eine Zunahme all dieser Schrecken. Wobei für die einen die physikalische Vernichtung unseres Milieus im Vordergrund steht, während andere zuerst an die Zerstörung unserer moralischen Wertsysteme denken, den Wegfall der allerletzten Tabus.

Ein *Tabu*, was ist das? Ich selbst habe mich für die Definition des Duden entschieden, die da sagt, es sei »etwas, das sich dem sprachlichen Zugriff aus Gründen moralischer, religiöser und konventioneller Scheu entzieht«. Doch im Unterschied zu den meisten bin ich nicht der Ansicht, daß wir einer Zeit der totalen Enttabuisierung entgegengehen. Es liegt in unserer Natur, jedes Chaos augenblicklich zu ordnen und auf den Trümmern eines gerade vernichteten Wertsystems sofort ein neues zu erbauen. Und sobald wir dieses für gut und richtig halten, wird jeder kritische Gedanke zu einem Luxus, den wir nicht einmal uns selbst erlauben, da er ja in der Lage wäre, unser gerade unter so vielen Mühen errichtetes moralisches Kartenhaus zum Einsturz zu bringen. Nicht nur die anderen verhängen Verbote gegen bestimmte Gedanken, wir tun es auch selbst. Es gibt Tabus, die unserer Umwelt vielleicht absolut gleichgültig sind: *Wir* sind es,

9

die sich hier das Nachdenken untersagen. Und darum sollte man zwischen kollektiven und individuellen Tabus unterscheiden.

Dennoch gibt es immer ein paar Leute, die es nicht lassen können, die etablierten Wertsysteme ihrer Mitmenschen auf Schwachstellen abzuklopfen und die auf diese Weise errungenen Erkenntnisse so laut wie möglich hinauszuposaunen. »Es ist immer eine anfänglich sozial keineswegs hochgeachtete Gruppe, die das Tabu verletzt, den tabuisierten Raum so weit entdämonisiert und sicher macht, daß auch die Mehrheit ihn zu betreten wagt«, heißt es bei Alexander Mitscherlich. Und das tun diese Menschen nicht, weil sie besser sind, sondern weil sie daran ersticken würden, eine als wahrscheinlicher erachtete Erklärung *nicht* zu formulieren und den anderen *nicht* mitzuteilen. Die Verwirrung, die solche Mitteilungen zur Folge haben, ist ihnen hochwillkommen: Der ideale Essayist ist immer auch ein zumindest verbaler Anarchist.

Zu dieser Gruppe gehöre vermutlich auch ich, zumindest in meiner essayistischen Arbeit. Zuweilen habe ich daher das überschwengliche Gefühl, daß die Presse- und Meinungsfreiheit, die wir heute genießen, allein für mich erkämpft worden ist, und ich bin dafür voller Dankbarkeit. Die dann in meiner Arbeit zum Ausdruck kommt: Trotz aller Kalamitäten, die mir aus dieser Veranlagung immer wieder entstehen, gibt es wohl nichts, was ich, einmal als richtig erkannt, nicht auch hinausschreiben würde. Und auch wenn ich mich dann in der Praxis nicht immer an meine eigene Wertskala halte – der Kampf gegen den Sog der moralischen Mehrheit erfordert übermenschliche Kräfte –, wäre ich doch zum Beispiel sicher imstande, noch auf dem Weg zum Altar ein Pamphlet gegen das Heiraten zu diktieren. Vorzugsweise natürlich dem eigenen Bräutigam.

Es liegt im Wesen der Sache, daß es sich bei den hier beschriebenen Tabus um solche handelt, die ich im Lauf der letzten Jahre selbst ausgegraben und erstmals beschrieben habe. Was natürlich wieder nur Selbstbetrug sein kann: Wenn es zutrifft, daß es unter dieser Sonne keinen wirklich neuen Gedanken gibt, sondern nur neue Menschen, die ihn zum erstenmal denken, muß so gut wie jedes Tabu, das ich hier behandle, dem einen oder anderen bereits geläufig sein. Neu ist es also zunächst einmal für mich selbst. Von der Verarbeitung der von anderen Autoren erkannten Denkverbote habe ich hier aber bewußt abgesehen. Da darüber bereits geredet oder geschrieben wurde, sind diese ja »dem sprachlichen Zugriff« längst anheimgefallen. Auch ist mir klar, daß mir gerade die am tiefsten verwurzelten Verbote entgehen mußten: Auch das Denken des Schriftstellers ist konditioniert.

Das vorliegende Buch ist also auch eine Art Bestandsaufnahme meiner bisherigen essayistischen Arbeit. Und darum mußte es trotz meiner Abneigung gegen Autobiographisches notgedrungen auch persönlicher ausfallen als alle meine früheren Publikationen. Daß ich immer wieder aus diesen zitiere, ist dabei unvermeidlich. Und daß ich die Argumentation dort, wo ich sie heute noch gültig finde, im Wortlaut übernehme, sieht man mir hoffentlich nach. Da es für einen bestimmten Schriftsteller wohl nur eine Möglichkeit gibt, eine Erkenntnis optimal auszudrücken, würde hier jede Umformulierung mit einem Verlust an Kontur bezahlt.

In mehreren Punkten mußte ich aber liebgewonnene

Ansichten grundlegend revidieren. In anderen hat die inzwischen stattgefundene Entwicklung meine früheren Thesen relativiert. So ist der mittlere Teil dieses Buches der Auflösung jener Tabus gewidmet, die sich aus dem immer deutlicher werdenden »Ende der Arbeit« ergibt, mit dem bis vor einem Jahrzehnt noch kaum einer ernsthaft gerechnet hatte. Nach meiner Meinung wird jedoch die Automation unserer Arbeit schon in allernächster Zukunft mehr gesellschaftliche Tabus ins Wanken bringen als irgend etwas zuvor. Und dann sind da natürlich jene Denkverbote, die uns unentlarvt ins nächste Jahrtausend hinüberbegleiten. Nebst den ganz und gar neuen, die gerade dabei sind, sich in unserem privaten und kollektiven Bewußtsein häuslich einzurichten.

Von all dem handelt dieses Buch.

Esther Vilar

Unverrückbare
Denkverbote

BRAUCHEN WIR
DIE VERBRECHER?

Jeder ist bemüht, nicht irgendwann zum Opfer einer jener Greueltaten zu werden, von denen er Tag für Tag in der Zeitung liest. Diese Berichte sind unterdessen so zahlreich, daß es einen wundern kann, daß man so lange ungeschoren davongekommen ist. Und wenn man meint, das Maß der Abscheulichkeiten, zu denen wir Menschen fähig sind, sei nun ausgeschöpft, erfolgt prompt eine weitere Steigerung. Kreativität ist in diesem Metier so wichtig wie Brutalität.

Auf der anderen Seite weiß aber auch jeder, welche Arbeitsplätze wir denen verdanken, die sich ihren Unterhalt dadurch verdienen oder ihre Gier damit befriedigen, daß sie uns Rechtschaffene betrügen, erpressen, zusammenschlagen, ausrauben, vergewaltigen, foltern, ermorden und zerstückeln. Es sind die Stellen bei der Polizei, im Versicherungswesen, auf Unfallstationen, in physischen und psychischen Rehabilitationszentren, in Detekteien, in Anwaltsbüros, im Justizwesen, bei der Gerichtsmedizin, im Gefängnisbau, in den Schlossereibetrieben, bei den Herstellern von Sicherheitsanlagen und so fort. Es läßt sich also nicht leugnen: Eine enorm große Zahl unserer Arbeitsplätze hängt ausgerechnet von unseren Verbrechern ab. Und da sich der Erfolg einer kriminellen Handlung meist aus ihrer Unvorhersehbarkeit ergibt, handelt es sich auch noch um die abwechslungsreichsten und interessantesten Jobs, die außerdem unabhängig von der

14

Konjunktur und höchstens in Teilbereichen automatisierbar sind.

Es ist nicht auszudenken, was geschähe, wenn wir alle über Nacht gutmütig, ehrlich und integer würden. Da es sich bei den in der Verbrechensbekämpfung beschäftigten Personen in der Regel um sogenannte Tatmenschen handelt, wären hier die psychologischen Folgen der Arbeitslosigkeit besonders katastrophal. Wer brächte es übers Herz, einem Polizeikommissar zu sagen, es gebe keine Verbrecher mehr und es werde auch nie wieder welche geben – er solle heimgehen und sein Gärtchen bestellen? Nun, das alles wird niemals geschehen, und darum wäre es auch sinnlos, hier weiter ins Detail zu gehen. Nur als Ganzes sollte man ihn nicht aus dem Auge verlieren, den Zusammenhang zwischen Kriminalität und Arbeitsplatz.

Kaum jemand bedenkt, wie sehr auch andere Branchen von den Verbrechern profitieren – oder Menschen, die gar keine feste Anstellung haben: Hausfrauen, Pensionäre und das wachsende Heer der Arbeitslosen. Auch die, die sich abends aus lauter Angst vor Verbrechern kaum mehr aus dem Haus wagen, haben gerade diesen vieles zu danken. Denn was tun sie in der Sicherheit ihrer vier Wände? Sie setzen sich vor den Fernsehapparat und lassen sich ausgerechnet von diesen unterhalten.

Womit entspannen wir uns denn in unseren freien Stunden – und zwar so gut wie alle? Wovon handeln die Fernsehsendungen, die wir am häufigsten und somit wohl auch am liebsten sehen? Sie handeln von Verbrechen: Einbruch, Diebstahl, Überfall, Mord, Totschlag, Vergewaltigung, Drogenhandel, Geldwäscherei, Betrug, Fälschung,

Erpressung, Bestechung und so fort. Und damit sind nicht nur Thriller und Krimiserien gemeint. Auch die Fernsehnachrichten und Featurebeiträge handeln im Grunde von nichts anderem: von Menschen, die auf die eine oder andere Weise – meist gesetzwidrig – aus der Reihe tanzen. An Tagen, an denen man uns nicht einmal mit einem neuen Politskandal aufwarten kann, sagen wir, es sei nichts los.

Und womit unterhält man sich, wenn man nicht fernsieht? Man hört Radio, liest Zeitungen, Magazine und Bücher, geht ins Kino, vielleicht sogar ins Theater, oder setzt sich mit ein paar Freunden in eine Kneipe, um ein bißchen zu reden. Und was hört man im Radio? Was liest man in der Tageszeitung, in Zeitschriften und Büchern? Was sieht man im Kino und im Theater? Worüber spricht man an der Theke? Spricht man über liebe, gute, barmherzige Menschen? Handeln die Bücher und Filme von Nettigkeit und Normalität? Nein, sie handeln von Dingen, die unterhaltend und aufregend sind. Und das sind dann wieder Berichte über menschliche Verhaltensweisen, die jenseits des Gewohnten liegen. Die Filme, Stücke, Romane, Reportagen, Gespräche, die uns am meisten interessieren, handeln von Korruption, Erpressung, Fälschung, Betrug, Vergewaltigung, Mord ... Wir Frauen lieben es zwar in der Regel etwas sanfter, doch ohne spannende Handlung war es kein richtiger Film. Spannung kann jedoch nur durch die Bedrohung durch das Böse entstehen – ohne dieses wäre das Gute ja nicht einmal zu erkennen.

Schön, wird man nun sagen, wenn es all dies nicht gäbe, wären unsere Tageszeitungen weniger umfangreich und unsere Abendnachrichten kürzer. Doch es blieben uns noch immer die durch »höhere Gewalt« verursachten Katastrophen – jene Verbrechen gegen die Menschen, die der Allmächtige ohne unsere Beihilfe begeht. Nach wir vor gäbe es Erdbeben, Überschwemmungen, Tornados, Hungerkatastrophen, Seuchen, neue Viren, die neue Krankheiten bringen. Und die Krimis könnten schließlich unsere Künstler erfinden, wozu haben sie Phantasie?

Doch würden uns diese erfundenen Thriller, Mordgeschichten, menschlichen Tragödien und Komödien auch nur im geringsten interessieren, wenn sie keinen Bezug zur Wirklichkeit hätten – wenn wir niemals, unter gar keinem Umstand, selbst zum Opfer eines Verbrechens werden könnten? Würden wir auf dem nun absolut ungefährlichen Nachhauseweg vom Kino mit unserem Partner auch nur eine Minute lang darüber diskutieren, wie plausibel das eben mit soviel Spannung auf der Leinwand betrachtete Verbrechen war? Wer hier nur einigermaßen ehrlich ist, muß die Frage verneinen. Und wie viele Filme über Naturkatastrophen werden uns im Laufe eines Jahres bestenfalls faszinieren? Einer, vielleicht auch zwei. Denn gerade dort, wo wir uns die Eintrittskarte fürs Kino leisten können, sind ja in der Regel auch die erdbeben- und tornadosicheren Zonen. Und über Aids wissen wir mehr, als wir möchten.

Ja, auch die Arbeitsplätze des Großteils unserer Geschichtenerfinder wären ohne die Kriminellen dahin. Verdanken doch zum Beispiel Drehbuchautoren sowohl ihre Anregungen als auch das Interesse des Publikums – und somit ihr tägliches Brot – den Dieben, Mördern, Zuhältern, Vergewaltigern, Erpressern, Dealern, Mafia- und Camorrabossen, Rauschgiftschmugglern, Fälschersyndikaten, Call-

17

girlringen, Geldwäscherbanden… Ohne all diese wirklichen Gangster interessierte sich kein Mensch für eine erfundene Gangstergeschichte: Was mir nicht wenigstens unter extremen Umständen selbst zustoßen könnte, läßt mich auch im Kino kalt. Sobald einer von uns Opfer eines irgendwie neuartigen Verbrechens wird, laufen die Produzenten unseren Angehörigen wegen der Verfilmungsrechte die Türen ein.

Ohne sie, die Bösen, wäre unsere Film- und Fernsehindustrie also praktisch überflüssig. Denn wenn alle gut wären, gäbe es selbstverständlich auch die kleinen Verbrechen des Alltags nicht mehr, die vor allem uns Frauen interessieren. In erster Linie also jene, die wir Menschen im Namen der Liebe begehen. Falls es zutrifft, daß die Macht der Männer die über die Geschichte ist und die unsere die über die Männer, sind es vor allem die Verwicklungen der Paarbeziehung, die uns Frauen im Film faszinieren: der Ehebruch, das Scheidungsdrama, die Eifersucht samt ihrer mehr oder weniger tödlichen Folgen. Doch unter ausschließlich ethisch denkenden und handelnden Personen gäbe es natürlich auch dies nicht mehr. Ohne die Verbrechen aus Leidenschaft in unserer Wirklichkeit ließen uns die erfundenen Drehbücher unserer Scriptwriter kalt.

Mit anderen Worten: Die Kreativität unserer kleinen und großen Ganoven und Ganovinnen macht die unserer kleinen und großen Künstler und Künstlerinnen erst möglich. Ohne diese müßten sich jene – Drehbuchautoren, Romanschriftsteller, Regisseure, Schauspieler, Bühnen- und Filmausstatter, Kostümbildner, Beleuchtungskünstler – mit Arbeitslosenunterstützung begnügen. Ausgerechnet sie, die unseren Beifall so sehr brauchen, könnten uns niemals vorführen, was ihnen zu diesen wirklichen Dramen noch zusätzlich alles einfällt. Und da es ohne Kunstwerk keine Kunstkritik geben kann, wäre damit zugleich auch der Kritiker aus dem Amt. Und die Arbeitsplätze in der reinen Berichterstattung, die der Journalisten, die technischen und administrativen Posten in den Massenmedien, im Verlags- und Druckereigewerbe wären in der Folge ebenfalls verschwunden.

Und trotzdem ist die Tatsache, daß unser Leben ohne Verbrechen und Verbrecher zwar ruhiger, aber auch unendlich viel langweiliger wäre – wahrscheinlich sogar unerträglich –, etwas, über das die meisten von uns sich nicht nachzudenken erlauben. Sie ist ein Tabu. »Verbrecher habt Mitleid, eure Polizei ist am Ende!« haben die Berliner Polizisten kürzlich bei einer Protestdemonstration gegen ihre Arbeitsüberlastung auf ein Transparent gepinselt. Welchen Slogan würden sie wählen, wenn die Kriminellen ihrer Stadt tatsächlich Mitleid mit ihnen hätten und ihre strafbaren Handlungen ein für allemal einstellten? Wie würden wir, die friedliebenden Bürger, uns verhalten, wenn wir abends vor dem Fernseher säßen, und außer Nachrichten über gute Taten – die man aber gar nicht mehr bräuchte, weil es in einer Welt von lauter Gerechten keine Benachteiligten gäbe – käme nichts?

Wer hier in Gedanken noch ein paar Schritte weitergehen möchte, kann sich diese brave neue Welt am ehesten anhand jenes Paradieses zu Ende malen, das ihm sein Priester für sein Leben nach dem Tod versprochen hat: Eine Welt, in der wir alle gleich gütig, gleich gerecht, gleich geistreich, gleich schön, gleich wohlhabend, gleich wahrheitsliebend wären, eben Engel, und in der folglich nichts Böses geschehen könnte. Doch natürlich auch nichts Gutes, weil dieses ohne jenes ja gar nicht existiert.

Womit würden wir in einem Paradies zum Beispiel unsere Zeit totschlagen? Unsere wohlgemerkt *unendlich* lange Zeit: eine Million Jahre, dann noch eine Million Jahre, dann noch eine und noch eine... Welche Filme würde man zum Beispiel drehen? Kriegsfilme für eine Welt, die nicht einmal den Militärdienst kennt? Fernsehserien über das Luxusleben der Reichen, wenn man all das Ersehnte in einem Paradies auch selber hätte? Science-fiction, wo man endlich im Reich Gottes lebt und diesen (diese) jederzeit fragen kann, was kommen wird? Tragödien von Liebe und Eifersucht, wenn man die kleinen und großen Hinterhältigkeiten der Paarbeziehung nur noch aus der irdischen Erinnerung kennt? Dramen über unheilbar Kranke, wo alle kerngesund sind, und zwar für alle Ewigkeit? Pornofilme für eine Gesellschaft der Guten und Reinen? Naturkatastrophen würde der liebe Gott in seinem ureigensten Bereich wohl ohnehin nicht inszenieren, nicht einmal zum Ergötzen seiner gelangweilten Engel. Und um welches Ergötzen könnte es sich hier schon handeln? Welche Dramatik läge zum Beispiel in einer Überschwemmung unter Unsterblichen, die ja nicht mehr ertrinken könnten?

Was würde in den Zeitungen stehen, wenn alle gut und nett zueinander wären und einfach nichts passierte? Die Namen der Neuzugänge, ja. Aber spätestens nach achtzig Jahren würde man ja schon keinen von denen mehr persönlich kennen, und somit wären sie einem auch egal. Auf Erden gab es für die nach Sensationen lechzenden Journalisten tausend Themen, aber hier im Himmel geschieht einfach nichts. Was bliebe also zu berichten? Spaziergänge mit der Heiligen Familie und welche Gespräche man dabei führte (liebevolle). Gottes Tag beim Jüngsten Gericht und welche neuen Fragen dabei von den Frischverstorbenen nach der Ankunft an ihn gerichtet wurden (keine). Eine Kritik der neuen Dramatisierung von Jesus' Gang auf dem Wasser, selbstverständlich positiv. Die Wiederaufführung von »Tosca«, mit der ewigen Callas, die natürlich wieder göttlich wäre. Die jüngste Verfilmung von »Beckett oder die Ehre Gottes«. Eine Neuinszenierung von Claudels »Seidenem Schuh«.

Bliebe vielleicht die Sportberichterstattung. Doch auch die wäre eigenartig: Wo alle Wesen gütig sind, gönnt natürlich keiner einem Konkurrenten eine Niederlage. So bliebe zum Beispiel der führende Langstreckenläufer immer vor der Ziellinie stehen, um seinem Herausforderer den Vortritt zu lassen: »Bitte, mein Engel, nach Ihnen!« Und aus demselben Grund gäbe es auch im Mannschaftskampf weder Sieger noch Besiegte. Das heißt nicht, daß zum Beispiel beim überirdischen Fußballmatch keine Tore geschossen würden – im Gegenteil! Doch am Schluß hat das Spiel immer unentschieden zu sein.

Eine Verlängerung gäbe es also im Himmel nicht bei einer Pattsituation, sondern wenn eines der beiden Teams um ein oder mehrere Tore vorn läge. Wenn beim Elfmeterschießen auf das Tor der führenden Mannschaft geschossen wird, verläßt der Torwart vorübergehend das Spielfeld. In den Sportnachrichten hören sich die Ergebnisse des Ewigen Tages dann so an: 5:5, 11:11, 2:2, 0:0 ...

Bliebe noch der Risikosport: Bergsteigen, Tiefseetauchen, Bungeejumping ... Doch wo bleibt das Risiko, wenn man nicht mehr verunglücken kann? Wie könnte man es anstellen, in einem ewigen Leben ums Leben zu kommen? Nicht einmal ein Bein kann man sich hier noch brechen! Auf Boxen und Ringen hat man ohnehin verzichtet: Ein Engel, der einem anderen ein blaues Auge schlägt?

Erst gar nicht sollten wir uns fragen, was wir uns am Ende eines Ewigen Tages zu erzählen hätten. Wenn im Fernsehen nichts los ist, ist man natürlich auf die Konversation noch mehr angewiesen als im jetzigen Leben. Doch worüber unterhält man sich, wenn nichts passiert? Wenn man nicht seine irdische Vergangenheit und sein intaktes Gedächtnis hätte (das war bei der Ankunft unser Wunsch gewesen, und da wir in einem Paradies sind, hat man ihn uns erfüllt), gäbe es wirklich nicht viel zu sagen. Doch die um Jahre oder Jahrmillionen zurückliegenden Erlebnisse auf Erden sind zum Glück ein Gesprächsstoff, der nie ganz versiegt. Auch wenn man im Himmel dann nichts mehr ausschmücken kann, weil ein Engel ja nicht lügt, so hat doch jeder Gott sei Dank so viel mitgemacht, daß es auch ohne Übertreibungen noch interessant klingt.

Ja, wer hätte das gedacht? Da sind wir endlich im Paradies, und alles, was interessiert, sind die Höllen, die wir dank der Niederen, Groben und Gemeinen auf Erden durchlebten. In einer absolut gerechten Welt wissen wir nichts Besseres, als uns an den Ungerechtigkeiten der Vergangenheit zu ergötzen. Ist das nicht pervers? Hatte man sich von der Erde aus sein Leben im Himmel so vorgestellt?

Die Ewige Wiederkehr des Gleichen – *das* ist damit gemeint und nicht der vergleichsweise harmlose Alptraum

Nietzsches. Was wir auf Erden erlebten, ist auch schon alles, was uns als Engel noch bewegt. Und je mehr wir hier gelitten haben, desto interessanter sind wir für die da oben. Denn immerhin geht es darum, eine ganze Ewigkeit mit interessanten Anekdoten zu füllen: die erste Million Jahre, die zweite, die dritte, die vierte ...

Nur am Rande sei hier noch bemerkt – denn eigentlich ist dies nicht unser Thema –, daß diese bei etwas bösem Willen vorstellbaren Ewigen Verhältnisse *die* Gelegenheit wären, Gott gegen den Vorwurf der Grausamkeit in Schutz zu nehmen. Die langgesuchte Theodizee (die Möglichkeit, unsere irdischen Leiden so zu erklären, daß Gott trotzdem als barmherzig gelten darf), hier ist sie! Denn wenn er uns im ersten Leben leiden läßt, damit wir im zweiten etwas zu erzählen haben, ist er ja gerecht: Dauert das erste doch nur ein paar lumpige Jahrzehnte und das zweite die ganze Ewigkeit. Wenn man ihm als Motiv die Sorge um unseren überirdischen Gesprächsstoff unterstellt, ist Gott gut und sein Stalingrad vernünftig.

Doch kehren wir nach diesem Denkspiel auf unsere Erde zurück. Zu uns, die wir keine Engel sind, und zu ihnen, unseren teuflischen Kriminellen. Vergessen wir dabei nicht, daß wir, die wir uns an deren Taten indirekt delektieren, in der Regel straffrei bleiben: Laut Statistik hat in unseren zivilisierten Breiten nur ein Bruchteil der Bevölkerung damit zu rechnen, Opfer eines Gewaltverbrechens zu werden. Während auf der anderen Seite die Hälfte derer, die sie begehen, damit zu rechnen hat, daß ihre Tat entdeckt und bestraft wird.

Extrem zynisch ausgedrückt sind also wir, die Mehrheit,

fast täglich auf irgendeine Weise Nutznießer der kriminellen Handlungen einer verbrecherischen Minderheit. Büßt doch jeder zweite Schwerverbrecher mit Haftstrafen, die zuweilen lebenslänglich sind, während wir anderen, die wir uns unsere Freizeit mit den Geschichten ihrer Greuel vertreiben – in der tabuisierten Erwartung, daß sich wieder eine neue Variante und damit ein neuer Nervenkitzel findet (nicht schon wieder Drogenschmuggel!) –, in der Regel ungeschoren bleiben. Daß laut Statistik die Gefährlichsten ausgerechnet jene sind, mit denen wir Abend für Abend vor dem Fernseher sitzen, ficht uns dabei nicht an: Drei von vier Gewalttaten spielen sich in der eigenen Familie ab, doch wir erschrecken erst, wenn das Telefon läutet und sich keiner meldet. »Bei Anruf Mord« – man weiß doch, wie es nach einem anonymen Anruf weitergeht!

»Dieser Dinge darf man nicht so denken, so machen sie uns toll«, läßt Shakespeare in »Macbeth« sagen. Der Ausspruch gilt für weniges so sehr wie für unser Verhältnis zur Kriminalität. Wer es irgend vermeiden kann, wird sich die Sache daher erst gar nicht eingestehen. Und noch weniger wird er davon reden. Dinge wie diese sind ja tatsächlich geeignet, uns zur Verzweiflung zu bringen. Der Zusammenhang zwischen unseren liebsten Freizeitvergnügungen und den so verabscheuten Verbrechern ist eines der Denkverbote, die auch nach dem Ende dieses Jahrhunderts ihre Gültigkeit bewahren.

NÜTZEN UNS DIE FROMMEN?

Es gibt neben den Verbrechern noch eine zweite Gruppe Menschen, die Angst und Schrecken und dadurch in letzter Konsequenz auch Tod verbreiten. Und das sind ausgerechnet jene Personen, die sich so gern als die Gerechten und Friedliebenden bezeichnen: Kirchenmänner und Kirchenfrauen jeglicher Couleur und ihre Gefolgsleute, die Frommen. Nicht einmal vor der Einschüchterung unserer Kinder schrecken sie zurück: Ehe diese überhaupt begriffen haben, daß auch sie eines Tages sterben müssen, stehen die Vertreter Gottes mit der Ankündigung von dessen ewigem Rotisseriebetrieb an der Tür, in dem man bei Nichtbefolgen seiner Gebote bis zum Jüngsten Tag zu schmoren hat. Lebensversicherer verbreiten ihre geschäftsfördernde Panik mittels Werbekampagnen, Überlebensversicherer bedienen sich des Religionsunterrichts.

Im Gegensatz zu den Verbrechern, die mit ihren oft sehr kreativen Bosheiten zumindest Arbeitsmarkt und Unterhaltungsindustrie beleben, bringen die Gläubigen uns, den Unschuldigen – die man in diesem Sonderfall vorwurfsvoll die Ungläubigen nennt –, keinen Vorteil. Arbeitsplätze schaffen die Kirchen lediglich für ihre Gefolgsleute, und auch diese Auserkorenen sind meist weit unter Tarif bezahlt. Einstweilen, denn für später ist ihnen dann »Gottes Lohn« verheißen: ein ewiges Dasein in Komfort gegen ein paar Jahrzehnte der Armen- und Krankenpflege hier auf Erden. Und für den, der das für bare

Münze nimmt, ist es eigentlich gar kein schlechter Tarifabschluß.

Für unsere Unterhaltung leisten die Frommen nichts. Selbst wenn es sich bei ihren Helden um Extremfälle handelt, so also zum Beispiel um Märtyrer oder besonders aufopfernde Missionare, sind ihre Taten für ein breites Publikum uninteressant. Falls sie in ihrem Vorleben nicht gerade Prostituierte war, ist ein Film über eine Nonne heutzutage unverkäuflich. Vielleicht weil wir spüren, daß ein Frommer seine guten Werke niemals gratis leistet: Er opfert sich, um *seiner* Religion zu einem größeren Marktanteil zu verhelfen und um uns zu zeigen, wie gut die Menschen sind, die seine Wahrheit hervorbringt. Wenn ein »Privatmensch« seine Kleider unter die Bedürftigen verteilt, ist das für uns eine Nachricht. Wenn es eine Kirche tut, ist damit stets eine Spekulation verbunden. Das wissen sogar die, die auf solche Barmherzigkeit angewiesen sind. Ihre Konversion erfolgt aus Armut, Naivität oder Höflichkeit, selten aus Überzeugung. Doch das ficht die Missionare nicht an. Hauptsache, man kann denen in Rom ein paar positive Zahlen faxen.

Doch anders als bei den Kriminellen ist es unmöglich, von seinem Staat einen wirkungsvollen Schutz gegen Kirchenleute zu verlangen. In einigen Ländern ist es gelungen, sie soweit aus den Schulen zu vertreiben, daß ihre Anschauungen nicht mehr Gegenstand des Unterrichts sind, doch viel mehr läßt sich offensichtlich nicht erreichen. Denn anders als die Kriminellen sind die Frommen dort, wo es im Augenblick zufällig keine Religionskriege gibt, keine Gefahr für unsere körperliche Gesundheit – sie sind es lediglich für unseren Verstand. Kirchen, Sekten und neureligiöse Kulte haben unsere Welt in ein gigantisches Narrenhaus verwandelt, denn angesichts der letzten Wahrheiten, die es bei ihnen ohne den geringsten Beweis zu akzeptieren gilt (zum Beispiel, daß uns ein gerechtes, gütiges Wesen in der einen Welt leiden läßt, um uns in einer anderen dafür zu belohnen, oder daß unsere Seele immer wieder in ein neues Gefährt umsteigt, wenn das alte schrottreif ist), muß man die Zahl ihrer Anhänger als gigantisch bezeichnen. Ausrichten läßt sich dagegen nichts. Sie sind zu viele und die Ideen, die sie vertreten, von solchem Wahnwitz, daß man vor lauter Hilflosigkeit verstummt. Dieses Verstummen wird dann in den Medien als Toleranz bezeichnet, an der sich die paar noch immer aufmüpfigen Agnostiker ein Beispiel nehmen sollen.

Da gibt es zum Beispiel Fromme, die barfuß zu entlegenen Orten pilgern, sich auspeitschen und auf Steinen schlafen. Andere verhängen ihre Gesichter mit Stoff und gehen fünfmal am Tag in die Knie. Wieder andere verbrennen ihre Witwen bei lebendigem Leib und verehren ihre Kühe als Heilige. Viele Fromme bauen einem Unsichtbaren riesige Häuser, in denen ihnen Verkleidete gegen Honorar versichern, daß zumindest jener sie sieht. Und dann der Satan: In einem doch gewiß als fortschrittlich zu bezeichnenden Staat wie den USA sind beinahe zwei Drittel der Bevölkerung davon überzeugt, daß es ihn gibt. Wenn es mit rechten Dingen zuginge, würde das Studium der Theologie also längst an medizinischen Fakultäten absolviert. Handelt es sich doch bei Religiosität letzten Endes um eine ansteckende Form von Paranoia, die bei Nichterkennen zwangsläufig zu völkermordenden Epidemien führt.

27

Doch es sind, wie gesagt, zu viele. Und durch dieses gigantische Übergewicht verschiebt sich jeder normale Maßstab: Es ist unmöglich, zwei Drittel der US-Bürger für unzurechnungsfähig zu erklären oder jeden, der da meint, er werde beobachtet – und zwar von einem Unsichtbaren –, therapieren zu lassen. Krank ist die kleine Minderheit derer, die dem Sog zur Flucht in die Krankheit widersteht und probiert, die Wahnideen der Mehrheit mittels Aufklärung zu kurieren. Noch vor gar nicht langer Zeit hat man Ungläubige eingesperrt, gefoltert, ihre Schriften und oft auch sie selbst auf Scheiterhaufen verbrannt. Und gerade in jüngerer Zeit wird wieder vorstellbar, daß all das wiederkommt: »Tut mir leid, mein Bester, aber hier gibt es kein Gespenst!« – wie lange wird man das noch sagen dürfen, ohne daß einen die mit den kranken Nerven in ihre Heilanstalten stecken?

Wie kommt es zum religiösen Glauben? Warum wird die überwältigende Mehrheit von uns früher oder später fromm? Wer dies wissen möchte, müßte sich zunächst einmal fragen, warum wir Götter brauchen und warum wir beten wollen. Ich selbst komme immer wieder auf die drei ewig gleichen Gründe. Der Glaube an ein allmächtiges Wesen vermag die drei schrecklichsten unserer Ängste zu mildern: die vor der Sinnlosigkeit des Lebens, die vor der Endgültigkeit des Todes, die vor der Freiheit. Das Gebet verstärkt die Illusion, daß dieser Glaube irgendwie gerechtfertigt sein könnte: Wenn man niederkniet, kommt Demut auf; wenn man den Kopf neigt, spürt man die Bereitschaft zum Gehorchen; wenn man seinen Kummer formuliert, hat dies sogar dann beruhigende Wirkung, wenn kein Zuspruch und keine Hilfe zu erwarten ist und der andere nicht einmal richtig zuhört. Der Psychoanalytiker kann sich dank dieser Mechanik seinen Lebensunterhalt verdienen.

Die Angst vor der Sinnlosigkeit des Lebens ist noch die harmloseste unserer Ängste, weil sie vor allem unserer Eitelkeit zu schaffen macht. Wenn alles sinnlos ist, dann sind es ja auch wir, und gerade diesen Gedanken kann ein Eitler schwer ertragen. Der Glaube an ein höheres Wesen wird ihm helfen, stilisiert er ihn doch zur unentbehrlichen Figur in einem gigantischen Manöver, dessen Zweck man ihm gerade wegen seiner Wichtigkeit noch nicht verraten kann. Für einen gläubigen Menschen wird jeder persönliche Rückschlag zur Chiffre eines schmeichelhaften Codes: Man wird erniedrigt, um erhöht zu werden, und die Ersten werden ohnehin die Letzten sein.

Für die Mehrheit der Phantasiebegabten ist die Angst vor dem Tod weitaus verstörender. Wie gern verzichten sie auf den Sinn des Ganzen, wenn sie dafür wenigstens hundert Jahre länger bleiben dürften. Gerade fängt man an, sich hier ein bißchen einzuleben, da soll man schon wieder fort? Und wohin, wenn man fragen darf? Ins Nichts? Und für wie lange? Für ewig? Und mit wem? Allein? Und wie ist es mit den Formalitäten an der Grenze? Soll man sich als Naturalie in einer Kiste liefern lassen? Schickt man vorsichtshalber nur die Asche? Das Dilemma der letzten Verfügung: In der einen Welt organisiert man die Verpackung, in der anderen zahlt man den Transport.

Dieser Angst vor dem Tod folgt auf dem Fuß die vor dem Leben. Die Freiheit, mit der wir über Glück und Unglück dieser entsetzlich kurzen Spanne zu bestimmen haben, versetzt uns erst recht in Panik: Wenn wir über unser Leben frei entscheiden, sind wir ja auch verantwortlich für alles, was mit uns passiert. Schon das Planen einer Urlaubsreise bringt uns da in Schwierigkeiten: Wenn ich fliege, kann ich abstürzen – was wird in diesem Fall aus meinen Kindern? Wenn ich das Auto nehme, muß ich über alle diese Brücken – wie soll ein Volk, in dem die Mehrheit nicht einmal lesen kann, etwas von Brückenbau verstehen?

Der Glaube an eine Macht, die uns beobachtet und lenkt – und zwar zu unserem Besten –, würde auch hier Erlösung bringen. Dank ihrer könnten wir später weiterleben (was würden wir nicht alles tun, um eine solche Gnade zu verdienen!) und wären jetzt schon unsere Freiheit los: Was wir auch anstellten – ein Klügerer hätte uns ferngesteuert. Für einen Gläubigen ist jede Brücke die von San Luis Rey: Wann immer er sie betritt, es ist genau der richtige Augenblick gewesen. Und überall mildernde Umstände: Einspruch, Euer Ehren, mein Mandant war nicht frei.

Weit schrecklicher als der Anschlag auf unseren Verstand, den zumindest einige von uns unbeschadet überstehen, ist der Anschlag auf unser Leben, der dieser Masse von Gottsuchern und -findern dann letzten Endes doch gelingt. Denn das eigentliche Übel ist für uns andere nicht die Tatsache, daß hier eine gewisse Anzahl Mitbürger an eine so extravagante Möglichkeit glaubt, sich selbst vor dem Tod zu retten, zu dem jeder Mensch, jedes Tier und jede Pflanze verurteilt ist. Das Übel sind die vielen untereinander konkurrierenden Überlebensversicherungskonzerne, die von dieser Todesangst profitieren.

Anstatt uns angesichts des Unvermeidlichen zu etwas mehr Zivilcourage zu animieren, sind diese Herren schon beim ersten Anzeichen von Beunruhigung mit ihrem Katalog zur Stelle: Wenn Sie bei uns unterschreiben, kann Ihnen nichts passieren. Hier sind die Unterlagen, überlegen Sie sich's. Aber nicht zu lange – je länger Sie zögern, desto weniger kann unsere Gesellschaft für umfassenden Schutz garantieren. Wir denken da vor allem an die Modalitäten des Grenzübertritts: Sie müssen nämlich wissen, daß es Wartelisten gibt – wenn Sie zuwenig Punkte haben, stehen Sie unter Umständen ein paar tausend Jahre vor verschlossenen Toren. Das ist natürlich immer noch besser als gar kein Schutz: Ein Unversicherter geht direkt ins Feuer, das ist ja wohl klar! Wollen Sie ein solches Risiko auf sich nehmen? Sie könnten hier hinausgehen und unter ein Auto kommen: Was dann?

Aber wenn Sie erst noch andere Angebote einholen möchten, bitte sehr! Unsere Gesellschaft hat da nichts zu befürchten. Vergleichen Sie die geforderten Opfer mit der gebotenen Leistung: Sie werden feststellen, daß Sie nirgends so preiswert zu einem ewigen Leben kommen wie bei uns. Ganz zu schweigen von der Überlebensqualität, die Sie bei uns erwartet. Gerade da sollte man ja nicht knausern: Es ist schließlich für immer!

Und hier liegt das Problem. Denn alles wäre relativ harmlos, wenn es auf dem Markt der Überlebensversicherungskonzerne nur einen einzigen Anbieter gäbe: Eine Weltreligion in einer Weltkirche. Doch die Angebote für ein Leben danach sind so vielfältig wie die Firmen, die versuchen, damit an Macht und Geld zu kommen. Und was für die anderen Dienstleistungsbranchen gilt, gilt natürlich für diese erst recht: Keiner der Beteiligten hat je genug; jeder will seinen Anteil erweitern und den Markt beherrschen.

Die einfachste Methode ist die Einführung des Gebärzwangs bei den eigenen Schäfchen. Das Verbot empfängnisverhütender Mittel seitens der katholischen Kirche ist nicht darin begründet, daß in der Bibel steht, man solle fruchtbar sein und sich vermehren. In der Bibel steht auch, daß man keine Zinsen nehmen soll, doch keiner hat je davon gehört, daß die bischöflichen Darlehenskassen und päpstlichen Banken sich an diesem Leitsatz stören. Der eigentliche Grund für dieses Verbot ist die dadurch garantierte Vergrößerung der Gemeinde: Alle der so zwangsweise in die Armut Südamerikas hineingeborenen Kinder werden schließlich nicht verhungern, es wird also auf jeden Fall mehr Katholiken geben.

Daß die eigene Religion zur weltbeherrschenden wird, liegt auch im Sinn jeder Kirche: Ihre Wahrheit ist ja erst dann wirklich wahr, wenn auch die übrigen Menschen daran glauben. Nichts tut ein Überlebensversicherter daher lieber, als für seine Gesellschaft neue Mitglieder zu werben. Man ist schließlich ein guter Mensch: Jeder Unversicherte ist unverzüglich aufzuklären, und jeder Andersversicherte muß wissen, daß er falsch versichert ist.

Nun sind die völlig Unversicherten zu wenige und oft auch zu stur, als daß das Verkünden der Frohen Botschaft sich ihnen gegenüber groß lohnte. Die fetten Zuwachsraten sind auf diesem heißumkämpften Markt nur bei den Andersversicherten zu schaffen. Drei Strategien kommen hierfür in Betracht:
– Man kann sie abwerben (Bekehrung),

- man kann sie zur Unterschrift nötigen (Zwangsbekehrung),
- man kann sie dezimieren (Genozid).

Im letzten Fall wird der Marktanteil auf indirektem Weg größer. Und obwohl diese dritte Variante in den meisten Fällen ausdrücklich den Statuten widerspricht, gab es in der Vergangenheit kaum einen Religionskonzern, der nicht wenigstens versucht hat, sich auch dieser Methode zu bedienen. Eine Weltkirche? Aber gern! Nur sollte es eben unsere sein.

Die wirklich verheerenden Folgen der Religiosität liegen also weniger in der periodischen Verfolgung und Ausrottung der kleinen Minderheiten der Ungläubigen als in den Blutbädern, die dje Anhänger der diversen Heilsvarianten untereinander anrichten. Und da ihnen dabei immer schlagkräftige Waffen zur Verfügung stehen, wird unsere Todesangst noch größer und die Notwendigkeit einer Überlebenspolice einleuchtender denn je. Die gehortete Munition könnte uns heute alle auf einmal ausradieren, und es ist lediglich eine Frage der Zeit, bis sich ein frommer General von seinem Gebetsteppich erhebt und seinem frommen Adjutanten das Zeichen gibt.

Glaube versetzt nicht nur Berge, sondern macht auch die Verheißungen der Bibel wahr: Die angekündigte Schlacht von Armageddon, bei der wir schließlich alle dran glauben müssen, ist nicht länger der Einschüchterungsversuch eines christlichen Autorenkollektivs, sondern eine an Sicherheit grenzende Wahrscheinlichkeit. Wer noch keine Police hat, sollte sich also eine besorgen – und zwar jetzt! Die Überlebensindustrie feiert ihre wohl letzten, aber größten Triumphe: Da uns dank der aggressiven Politik ihrer Marktstrategen ein vorzeitiger Tod nun so gut wie sicher ist, wird es auch immer wichtiger, daß es wenigstens im Jenseits noch ein bißchen weitergeht.

Wegen der Gottesfürchtigen müssen wir heute vor jeder Nachrichtensendung zittern: Welchen andersgläubigen Verein haben sie jetzt wieder angefallen? Was kann man tun, damit man nicht schon morgen selbst zu den Opfern gehört? Soll man versuchen, sie rechtzeitig zu entmachten? Soll man vorsichtshalber zu ihrem Glauben übertreten? Soll man auf unparteiisch machen und versichern, daß einem ihr Allah so lieb ist wie der liebe Gott der Gegenseite? Unseretwegen können sie sich fünfzigmal am Tag gen Mekka neigen, können ihre Konkurrenten sich tausendmal so oft bekreuzigen – nur unseren Frieden sollen sie uns lassen!

Natürlich haben Kriege ihre Ursache nicht direkt in diesem Jenseitsdurst der Massen. Doch er ist schuld, daß Kriege möglich sind und daß Menschen sich für sie mißbrauchen lassen. Im Krieg gegen den Irak gab die iranische Führung ihren Kind-Soldaten Plastikschlüssel mit in die Schlacht: Im Fall ihres Todes sollten sie sich damit das Tor zum Himmel aufschließen.

Jeder religiöse Mensch ist eine potentielle Waffe – weiß er doch, daß ihm selbst gar nichts passieren kann. Nur der Ungläubige ist sterblich. Für den Frommen kann es sich lediglich um den Übergang von einer Welt in die nächste handeln – und diese nächste ist tausendmal schöner und komfortabler: Sie ist das Paradies! Wie könnte sich jemand vor dem Sterben fürchten, der unsterblich ist? Was riskiert er in einem Krieg?

Jeder religiöse Mensch ist eine potentielle Waffe – weiß

man doch, daß machtgierige Potentaten ihre Völker am schnellsten und gründlichsten mobilisieren, wenn sie ihnen eine Bedrohung ihres Glaubens suggerieren. Armut und Rassismus stehen als Motivation zum Kämpfen erst in zweiter Linie. Wo sich Kirchen gegen solche Manipulationen sperren, sind zumindest Angriffskriege nicht mehr möglich. Wo sie sich wirklich auf die Seite der Armen oder der Unterdrückten schlagen, gibt es weniger Opfer. Wenn Rom das Verraten und Verfolgen von Juden als Todsünde gebrandmarkt und die evangelische Kirche Deutschlands statt zur Kollaboration zum Widerstand aufgerufen hätte, wäre Adolf Hitlers Karriere anders verlaufen: Im Zweifelsfall hätte nämlich dem deutschen Christen sein ewiges Leben nähergestanden als sein tausendjähriges Reich.

Jeder religiöse Mensch ist eine potentielle Waffe – weiß er doch, daß zugleich mit seinem Glauben sein Jenseits auf dem Spiel steht. »Gott mit uns«, schreiben sie auf die Fahnen, mit denen sie auf die Andersgläubigen losgehen. Wo käme man hin, wenn man, wie Christus, seine Feinde lieben würde? Das ganze Christentum ginge vor die Hunde, nicht wahr?

Diese Vielfalt der Anbieter von Überlebensversicherungspolicen ist schuld, daß wir die eingangs gemachte Aussage, die Frommen trügen nicht zur Belebung des Arbeitsmarktes bei, hier wieder einschränken müssen. Wenn der fromme Kampf um Marktanteile sogar heute noch die Hauptursache für Kriege ist, wenn sich die Völker von machtgierigen Potentaten am raschesten mobilisieren lassen, indem man ihnen eine Gefährdung ihres Glaubens suggeriert, schaffen die Frommen indirekt das Hauptkontingent der Arbeitsplätze in der Kriegs- und Verteidigungsindustrie. Wie eng die Arbeitsplätze beim Militär, bei der Waffenfabrikation und im Waffenhandel, in der Spionage und der Spionageabwehr mit den Jenseitsvorstellungen der sogenannten Guten zusammenhängen, ist ein Umstand, an den wir nicht gerne denken.

Der Beitrag der Frommen zur Unterhaltungsindustrie ist aus dieser Perspektive auch nicht zu verachten. Zumindest beim männlichen Teil der Bevölkerung stehen Kriegs- und Spionagefilme an einer der obersten Stellen der Beliebtheitsskala. Viele der älteren Männer haben früher einmal an einer Kriegsfront gestanden, und der Militärdienst ist trotz weiblicher Gleichberechtigung auch heute noch für die jungen Männer reserviert. Und darum kann es ihnen selbst in den fortschrittlichsten Ländern jederzeit passieren, daß man sie an irgendeine ferne Kriegsfront abkommandiert: Glaube hin oder her, man kann ja nicht untätig zusehen, wenn Christen und Moslems sich gegenseitig liquidieren. Kein Wunder, daß zumindest einem der Geschlechter nach wie vor an Kriegsfilmen und Spionageromanen gelegen ist. Mit solchen Stoffen kann sich jeder potentielle Soldat identifizieren.

Eine gewisse Menge an Arbeitsplätzen ist den Frommen also doch zu verdanken. Und auch ihr Beitrag zur Unterhaltungsindustrie ist nicht so gering, wie wir eingangs meinten. Warum ihnen dann nicht auch das Verdienst zusprechen, das wir den Kriminellen so bereitwillig eingeräumt haben?

Weil die durch die Religiosität angerichteten Schrecken im Vergleich zu dem, was die Frommen auf anderen Gebieten leisten, unverhältnismäßig groß sind. Weil im Vergleich zu ihren Verheerungen (man betrachte allein die

Kriminalgeschichte des Christentums) die der Verbrecher eine Bagatelle darstellen. Weil man uns vor letzteren zumindest zu schützen sucht, während wir den Taten der Frommen hilflos ausgeliefert bleiben. Weil sie mit ihrer ewigen Bereitschaft, sich ein ewiges Leben im Himmel zu verdienen, uns unser kurzes Leben auf Erden ruinieren. Auch in Ländern, in denen man sich heute – zumindest als wehrdienstverschonte Frau – einigermaßen sicher fühlt, ist das Heraufziehen des Fundamentalismus zu spüren.

Wir Ungläubige wissen, daß die Angst vor dem Vergehen die Essenz des Lebens ist: Auf einem Fest, das niemals zu Ende geht, möchte kein Mensch tanzen. Doch ein paar Jahrzehnte oder Jahrhunderte mehr würden uns schon gefallen. Und dank des wissenschaftlichen Fortschritts wäre dies heute durchaus möglich – vor allem, wenn man einen Großteil der Vermögen, die heute in die Rüstung fließen, in Forschung und Verbesserung der Lebensqualität investieren könnte. In westlichen Industrieländern beträgt die durchschnittliche Lebenserwartung bereits achtzig Jahre. Bei gleichbleibendem Fortschrittstempo könnten wir bald mit hundert, hundertzwanzig, hundertfünfzig Jahren rechnen. Und vielleicht würde uns in einem solchen überbiblischen Alter das Sterben ein wenig leichter fallen.

Doch die Aussicht darauf schwindet immer schneller. Die Frommen werden mehr, das Kriegsmaterial wird vernichtender. Bis zum Ende des Jahrtausends werden sich nach grober Schätzung zwanzig Staaten im Besitz von Atomwaffen befinden. Das Wunder würde heute darin bestehen, daß es nicht zu einer Verwendung dieser Waffen kommt. Und dieses Wunder wäre so gigantisch, daß es für uns andere beinahe schon ein Grund wäre, an einen weisen, gütigen Gott zu glauben!

Und neuer Fundamentalismus, wohin man sieht, einer den anderen beflügelnd. In Südamerika hat die katholische Kirche in den letzten Jahren vierzig Millionen Schafe an aufstrebende Sekten verloren, was natürlich ihren Bekehrungseifer erneut entfacht, ebenso wie die Bestrebungen, die Herde durch Verbot der Verhütungsmittel zu vergrößern. Während in islamischen Städten die letzten unverschleierten Frauen unter dem Druck der religiösen Fanatiker aus dem Straßenbild verschwinden, erstarken in Israel die Falken. Und in den ehemals sozialistischen Ländern füllen sich die Kirchen, als hätten Marx und Engels – die ja letztlich dasselbe wie Maria und Jesus wollten – nie existiert. Die »menschlichen Bomben«, die uns heute noch so entsetzen, werden demnächst zu unserem Alltag gehören. Für den, der über das Wesen der Religionen nachdenkt, ist das Überraschendste nicht, daß solche Selbstopfer geschehen können, sondern daß sie noch immer so selten sind. Wie sollte sich ein Unsterblicher vor dem Sterben fürchten, das wäre doch ein Widerspruch in sich selbst. Und zur Linken Gottes ist noch immer ein Platz zu vergeben, nicht wahr?

Nein, sie nützen uns wenig, die Frommen. Und es ist erfreulich, daß am Ende dieses zweiten Jahrtausends nach Jesus Christus zumindest in einigen Ländern dieser Erde auf diese Feststellung nicht länger die Todesstrafe steht. Doch allzu laut aussprechen sollte man sie auch hier nicht. Und darum schweigen wir und nennen unsere Feigheit Toleranz.

WIEVIEL FREIHEIT
ERTRAGEN WIR?

Natürlich haben auch wir Ungläubige Angst vor dem Sterben, und wie! Nur sind wir mit unseren Überlegungen einen Schritt weitergegangen und haben uns die von den diversen Überlebensversicherungskonzernen verheißenen Paradiese so konkret wie möglich vorgestellt. Das ewige Leben des Christen zum Beispiel, wie lebenswert könnte es sein? Womit würde er sich beschäftigen, worüber würde er reden, was würde er essen, wie würde er lieben in einer Welt, in der man ihm jeden, aber auch jeden Wunsch erfüllte, außer dem nach dem Tod? Denn ein ewiges Leben ist nun einmal ein ewiges Leben: Man kann vielleicht durch seine Gebete hineinkommen, doch einen Ausgang kann es per definitionem nicht geben. Ewig heißt für immer.

Ein Leben nach dem Tod kann sich nur wünschen, wer es sich nicht ausmalt, von einem Paradies kann nur träumen, wer keine Phantasie besitzt, und nur ein Narr könnte um beides beten. Nicht nur, weil da oben keiner ist, der ihn erhört, sondern weil Erhörtwerden hier identisch mit Bestrafung wäre: Auf die unbegrenzte Zeit bezogen gibt es zwischen Himmel und Hölle nur noch formale Unterschiede – das Paradies wäre so entsetzlich, daß der Fromme seinen Herrgott auf Knien bäte, es wieder abzuschaffen.

Ich weiß, was mir der Fromme hier antworten würde: An diese Frage könne man doch nicht mit der Haltung eines Wirtschaftsprüfers gehen. Gottes Wege seien nun einmal

39

wunderbar und darum mit dem irdischen Verstand überhaupt nicht zu begreifen! Doch dem müßte ich entgegenhalten, daß es ja dieser *irdische* Verstand ist, mit dem man sich vor dem Sterben fürchtet. Für irgendeinen überirdischen Verstand, den ich dann da drüben später vielleicht einmal hätte, braucht man mir nicht die Angst zu nehmen: Ich bräuchte ein Mittel gegen die Angst von *jetzt*. Doch außer Anerkennung der Realität und ein bißchen mehr Courage – außer Mut zur Angst – sehe ich weit und breit keinen Ausweg.

Gegen die Angst vor dem Tod haben wir Ungläubigen also kein Kraut gefunden, jedenfalls keins, das in unserem Gärtchen gedeihen könnte. Wie ist es nun mit der Angst vor der Sinnlosigkeit des Lebens, die sich bei uns ja durch deren Zwillingsschwester, die Angst vor der Einsamkeit, verschärft? Den Frommen dürstet nach einem an ihm persönlich interessierten Gott – wir Unfrommen fühlen uns schon gesegnet, wenn es einen Menschen gibt, der sich für unsere Existenz interessiert!

Beide Ängste bekämpfen wir, indem wir uns auf künstlichem Weg Gesellschaft und Daseinszwecke schaffen. Mit der Zeugung von Kindern beispielsweise: Wer sich ein Kind macht, ist ab sofort nicht mehr einsam und weiß zumindest während der folgenden achtzehn Jahre, wozu er am Leben ist – er hat für ein Kind zu sorgen, basta. Aber auch die Schaffung von Kunstwerken bringt »Sinn«: Wir versuchen ein Bild zu malen, ein Buch zu schreiben, einen Film zu drehen oder ein Lied zu komponieren, das uns überdauert.

Oder wir probieren es mit der Nächstenliebe, indem

wir uns bei den Armen, Kranken und Schwachen nützlich machen. Wenn wir ein fremdes Leben retten, ist auch unseres gerettet – wir sind nützlich gewesen, unser Hiersein war wenigstens vorübergehend gerechtfertigt. Der Drang zu den guten Werken ist deshalb auch bei uns Unfrommen weit verbreitet: Die überkonfessionellen Organisationen zeigen, daß man mit der geschundenen Kreatur auch Mitleid haben kann, wenn man ihren göttlichen Fabrikanten nicht verherrlicht. In einer Welt ganz ohne Arme, Kranke und Schwache wären nämlich auch wir Ungläubige verloren. Denn wir haben ja gar keine Wahl: Wenn unser Leben einen Sinn haben soll, *müssen* wir unseren Nächsten mehr lieben als uns selbst.

Doch kommen wir zur dritten und am meisten tabuisierten unserer Ängste, der Angst vor der Freiheit. Ich selbst habe für die Existenz dieses Tabus vor mehr als zwanzig Jahren einen ersten Beweis erfahren. Der Veröffentlichung meines damals weltweit gelesenen Pamphlets »Der dressierte Mann« ließ ich einen Essay mit dem Titel »Die Lust an der Unfreiheit« folgen. Diese »Lust« war der Punkt, auf den es mir bereits bei »Der dressierte Mann« am meisten angekommen war: Wie war es möglich, daß Männer auch dann, wenn sie dank ihrer privaten Umstände ein ungebundenes Leben voller Abenteuer führen konnten, freiwillig darauf verzichteten und Familien gründeten, die sie dann indirekt dazu zwangen, ihre Tage unter dem Befehl von Vorgesetzten bei meist stumpfsinniger Arbeit zu verbringen – und dies praktisch bis zum Ende ihres Lebens? Bereits bei der Diskussion des genannten Pamphlets wurde dieser für mich ausschlaggebende Punkt von so gut wie allen ignoriert. Als dann auf meinem Höhepunkt meiner damaligen Popularität »Die Lust an der Unfreiheit« erschien, wurden davon lediglich ein paar Dutzend Exemplare verkauft, und meines Wissens haben nur zwei Kritiker über das Buch geschrieben.

Natürlich hat dies meine Neugier nur noch verstärkt. In meinen später folgenden Essays, Romanen und Theaterstücken habe ich stets versucht, das Tabu Freiheitsangst wenigstens am Rande unterzubringen. Und auch heute sehe ich es noch als Hauptthema meiner Arbeit. Meine Faszination hat sicher viel mit meiner Herkunft zu tun: Das Land Argentinien, in dem ich geboren wurde und größtenteils aufwuchs, seine endlosen Ebenen, die gesichts- und geschichtslose Millionenstadt Buenos Aires, die aus allen ethnischen Gruppen zusammengewürfelte Einwanderergesellschaft, die nach dem peronistischen Desaster konzeptlos dahintreibende Regierungspolitik, meine eigene heterogene Abstammung, das alles ermöglichte zwar viel Individualismus, ließ jedoch zugleich die Sehnsucht nach Grenzen wachsen, nach Bindung und Dazugehörigkeit, nach Richtung, Leitbild und moralischer Instanz.

Diese Grundlage wurde dann durch meine spätere Übersiedlung nach Deutschland auf überraschende Weise ergänzt. Die Frage nach der deutschen Schuld, die von außen Kommende zumindest in der ersten Zeit nicht losläßt, zeigte mir die andere Seite der Medaille. Wie kam es, daß eine Unzahl der meist so harmlos wirkenden Männer, denen ich nun begegnete, vor verhältnismäßig kurzer Zeit auf Befehl eines einzelnen das Verbrechen des Jahrtausends vollbracht hatten? Daß Millionen Frauen jenem so wenig attraktiven Mann auch dann noch zujubelten, als ihnen auf der Straße bereits die durch den gelben Stern gekennzeichneten künftigen Kinderopfer begegneten? Wie anders ließ sich das erklären als mit jenem überwältigenden Verlangen nach Regeln, das ich an mir selbst so deutlich diagnostizierte und das aus Menschen, je nachdem, unter wessen Regie sie sich begeben, Märtyrer oder Bestien macht?

Heute muß ich noch immer dieselbe Frage stellen: Warum tun wir Menschen so, als würden wir ausschließlich nach Freiheit streben, während wir doch überall den Gegenbeweis erbringen? O ja, wir reden von der Freiheit. Wir schwärmen von der Freiheit. Wir kämpfen für die Freiheit. Wir betrügen, foltern und morden für die Freiheit. Wir lassen uns für sie foltern, und notfalls sterben wir auch für sie. Doch mit der Freiheit *leben* – von Jahr zu Jahr, Tag zu Tag, Stunde zu Stunde *frei* entscheiden, was mit uns selbst geschehen soll –, das eben wollen wir nicht.

Was wir uns wirklich wünschen, ist nicht Freiheit, sondern Unterwerfung. Trotz unserer großartigen Reden ist nicht Unabhängigkeit unser Traum, sondern totale, wenn auch frei gewählte Abhängigkeit von Vorschriften, die andere für uns aufstellen: unser Partner, unsere Firma, unser Astrologe, unsere Gruppe, unsere Kommune, unsere Sekte, unsere Partei. Und nur wenn diese Vorschriften unsere Gier nach Abhängigkeit nicht mehr befriedigen – wenn sie zu lasch werden –, werden wir uns daraus »befreien«. Doch nie, um frei zu bleiben. Wir nehmen die neu gewonnene Freiheit und tragen sie dorthin, wo man sie uns am gründlichsten wieder abnimmt und uns wieder strenge Vorschriften macht.

Der Grund für dieses tabuisierte Phänomen liegt im Bereich der Ethik. Unsere Gesellschaft war noch bis vor kurzem an allen Ecken und Enden unfreiwillig versklavt (und ist es in weiten Teilen der Erde noch immer): Die Bürger mußten von dem Machtanspruch der Kirche befreit werden, die sich, solange sie mit der Staatsgewalt verquickt war, leider einen Dreck darum scherte, ob die, die nach ihren Gesetzen lebten, dies freiwillig taten oder aus Angst vor Verfolgung. Die Arbeiter mußten vor der Profitgier der Unternehmer geschützt werden, die Kinder vor den Sadismen der Erwachsenen usw.

In dieser Situation die Idee zu propagieren, daß Menschen sich nicht nur unter Zwang, sondern auch lustvoll und *freiwillig* in die Dienste anderer begeben – daß sie sogar süchtig danach sind –, hätte eine Verquickung der Begriffe bewirkt, die von den profitierenden Gruppen mit Sicherheit als Rechtfertigung für noch größere Ausbeutung genutzt worden wäre. Die Freude am Gehorsam zu verdeutlichen wäre für einen Schriftsteller so etwas wie eine reaktionäre Handlung gewesen. Étienne de la Boétie hat es seinerzeit dennoch versucht: »Was ist das für ein Monstrum von Laster, für das der Name Feigheit noch zu schade wäre?«, schrieb er 1548 in seinem Essay »Über die freiwillige Knechtschaft des Menschen«. »Wir haben kein Wort, daß häßlich genug ist: Die Natur leugnet, dergleichen geschaffen zu haben, und die Sprache leiht uns keinen Namen dafür.«

Sofern es die wohlhabenden Industrieländer betrifft, haben sich die Zeiten dramatisch geändert. Heute ist es unethisch, diese Lust am Gehorsam weiterhin als Tabu zu behandeln. Denn dieses Gefühl, das früher allenfalls der Elite der Künstler und Reichen bewußt werden konnte –

jenen also, die Zeit zum Nachdenken hatten und nicht zum Gehorsam gezwungen waren –, ist nun durch steigenden Lebensstandard einer breiten Schicht zugänglich. Man kann heute glauben oder nicht, treu sein oder nicht, man kann Männer und Frauen lieben, seinen Wohnort frei wählen und weitgehend seine Meinung äußern. Doch diese neue Freiheit, auf die man in keiner Weise vorbereitet war, ist vielen – den meisten – unerträglich. Und das kann uns schon in allernächster Zeit in jene Sklaverei zurückkatapultieren, aus der wir uns gerade unter so großen Opfern befreit haben.

Doch kann man sich überhaupt auf Freiheit vorbereiten? Ist es möglich, sich gegen die Angst vor der eigenen Unabhängigkeit irgendwie zu impfen – gibt es ein Rezept für Mut? Nicht Mut für den Kampf um die Rechte anderer, denn das wäre ja schon wieder eine Befriedigung der Lust am Dienen, sondern Mut für sich selbst?

Wieviel Freiheit ein Mensch erträgt, hängt wohl vor allem von seiner Intelligenz ab. Und leider ist es nicht so, daß die Intelligenten es mit der Freiheit leichter haben – der Überlegene ist in diesem Fall der Dumme, wobei man Dummheit nicht länger mit Ignoranz (Unwissenheit) verwechseln darf: Bildung (Wissen) kann man kaufen, Intelligenz nicht. In meinem Essay »Der betörende Glanz der Dummheit« habe ich definiert, was ich unter Intelligenz verstehe. Im Zeitalter des Computers, schrieb ich, solle man Intelligenz zweckmäßig als das bezeichnen, was uns Menschen den Maschinen, zumindest auf einem bestimmten Sektor, noch immer überlegen macht und sich demzufolge weder zuverlässig messen noch in »Intelli-

45

genzquotienten« ausdrücken läßt. Das wären dann zum einen Phantasie (Vorstellungsvermögen, Einbildungskraft, Einfallsreichtum, die Fähigkeit zu abstraktem Denken) und zum anderen Sensibilität (Empfindsamkeit, Einfühlungsvermögen, Instinkt, Mitgefühl, Takt). Stark vereinfacht sind diese Qualitäten an dem Maß an Originalität, Kreativität und Humor erkennbar, über das eine Person verfügt, und – da sie sich dank ihrer Sensibilität in andere »hineindenken« kann – an dem Grad an Rücksicht, Hilfsbereitschaft und Toleranz, die sie ihnen entgegenbringt. Statt von Intelligenzquotienten sollte man heute besser vom Intelligenzvolumen sprechen.

Wenn man diese Formel

Intelligenz = Phantasie + Sensibilität

gelten läßt, ist Dummheit ihre Umkehrung. Das heißt Phantasielosigkeit (Mangel an Vorstellungsvermögen und Einbildungskraft, Einfallsarmut, Unfähigkeit zu abstraktem Denken) plus Unsensibilität (Instinktlosigkeit, Taktlosigkeit, Gefühlskälte, Dickfelligkeit). Ein dummer Mensch wäre demnach unoriginell, unkreativ und humorlos und gegenüber anderen – in die er sich ja mangels Feingefühl nicht hineinversetzen kann –, mitleidslos, rücksichtslos und intolerant. Und dieser Mangel an Phantasie und Sensibilität ist gerade das, was dem Dummen den Umgang mit der eigenen Freiheit erleichtert.

Normalerweise können nur Unterdrückte ein Bedürfnis nach Freiheit entwickeln. Sobald sie frei sind – und vorausgesetzt, sie sind intelligent genug, diese Freiheit mit allen Konsequenzen zu ermessen –, kehrt sich ihr früheres Freiheitsbedürfnis genau ins Gegenteil: Sie bekommen Angst und fangen an, sich nach der Geborgenheit fester Bindungen zu sehnen.

In seinen ersten Jahren ist ein Mensch immer unfrei. Er ist eingekeilt zwischen den Regeln der Erwachsenen und, da er selbst noch keine Erfahrung in sozialem Verhalten hat, von diesen Regeln auch vollkommen abhängig. Er entwickelt deshalb einen starken Freiheitsdrang, wünscht sich nichts sehnlicher, als seinem Gefängnis zu entrinnen, und tut das bei erster Gelegenheit. Ist er dann endlich frei, wird er sich, falls er dumm ist, in seiner Freiheit sehr wohl fühlen und sie sich zu erhalten versuchen. Ein dummer Mensch denkt nicht abstrakt, verläßt das eigene Terrain nicht und kennt deshalb auch keine Existenzangst. Er fürchtet sich nicht vor dem Tod (er kann ihn sich nicht vorstellen) und fragt nicht nach dem Sinn des Daseins: Alle seine Handlungen erhalten in der Erfüllung seiner Komfortgelüste einen unmittelbaren Sinn, und der genügt ihm. Auch Religionsbedürfnisse sind ihm fremd. Sollten sie ihn dennoch einmal überkommen, befriedigt er sie umgehend an sich selbst, denn es liegt im Charakter der Dummen, daß sie imstande sind, die eigene Person hemmungslos zu bewundern. (Hängt ein Dummer einer Religion an, dann nur, damit *er* in den Himmel kommt – der liebe Gott ist nichts weiter als der Mann, der das für ihn bewerkstelligen soll.)

Die Lage des Intelligenten ist ganz anders: Er empfindet zwar die Befreiung zunächst als unendliche Erleichterung; die grandiosen Perspektiven seiner Unabhängigkeit berauschen ihn. Doch sobald er sich durch eine freie Tat in dieser oder jener Richtung festlegen will, bekommt er es mit der Angst zu tun: Da er abstrakt denken kann, weiß er auch, daß jede seiner Handlungen die Möglichkeit unendlich vieler Konsequenzen in sich birgt – Folgen, die er trotz seiner Intelligenz nicht alle voraussehen kann und für die er, da er sich für die Tat frei entscheidet, voll verantwortlich ist.

Wie gern würde er aus Furcht vor negativen Auswirkungen seiner Entscheidungen überhaupt nichts mehr unternehmen! Und weil das nicht möglich ist – der Mensch ist zu Taten verurteilt –, fängt er an, sich nach den festen Regeln seiner Kindheit zurückzusehnen, nach jemandem, der ihm sagt, was er tun und lassen soll, und so seinen jetzt sinnlosen Handlungen (denn sie dienen zwar letztlich seinem Komfortbedürfnis, doch wozu dient er selbst?) wieder einen Sinn gibt. Und er macht sich daran, sich einen Nachfolger für den Gott seiner Kindheit zu erschaffen, vor dem er dann allein oder zusammen mit vielen anderen in die Knie geht.

Ein Gott, vor dem man als einziger kniet, wäre in der Religion Liebe zu finden, von der im nächsten Kapitel die Rede sein wird. Mit der Gefährlichkeit der Götter, vor denen viele knien, haben wir uns im vorigen Kapitel befaßt, als wir von den Weltreligionen sprachen. Doch daneben gibt es noch die Angebote der Ideologien, bei denen wieder andere – und eben leider in Massen – ihre ungeliebte Freiheit abzuliefern pflegen. Und diese sind letztlich ebenso gefährlich wie die Freiheitsdeponien der im orthodoxen Sinne religiösen Personen. Wir wollen sie hier die Anhänger der großen Ersatzreligionen nennen, wie etwa des Marxismus, Nationalismus, Rassismus.

Welche Eigenschaften muß eine solche Ersatzreligion haben, damit sie eine größere Menge Menschen dazu bringt, bei ihr und nur bei ihr Zuflucht vor der allzu großen Freiheit da draußen zu suchen? Nun, sie muß dem Suchenden zunächst einmal eine Rechtfertigung für das eigene Leben bieten, eine Rechtfertigung für sich selbst. Die Existenz des potentiellen Gläubigen muß durch seinen Beitritt einen Sinn bekommen – einen Sinn für irgend jemanden oder etwas, das nicht er selbst ist. Eine gute Ersatzreligion hat also ein Ziel. Anders als bei den orthodoxen Religionen wird dieses Ziel stets realistisch sein (Verbesserung der sozialen Struktur im System Sozialismus, Erweiterung des Territoriums im System Nationalismus, Ausrottung einer Rasse im System Rassismus). Ersatzreligionen mit in der Ferne liegenden Zielen sind dabei den anderen überlegen: Ein erreichtes Ziel ist vernichtend für die ganze Bewegung, würde sie doch ihren Sinn verlieren.

Eine gute Ersatzreligion muß sich weiterhin durch Strenge auszeichnen – sie braucht verbindliche Gesetze, damit ihre Anhänger jederzeit wissen, was gut und böse ist. Diese Gesetze sind von Ideologie zu Ideologie ganz verschieden: So wie zum Beispiel ein Christ *gut* ist, wenn er die Regeln des christlichen Glaubens befolgt – also auch dann, wenn er als Missionar Andersgläubige bekehrt und damit nach der Wertskala anderer Systeme *böse* ist (intolerant im System Toleranz, inhuman im System Humanität) –, ist ein Marxist *gut*, wenn er die Unternehmer an der Wahrung ihrer Interessen hindert, auch wenn es dabei zum Bürgerkrieg kommt. Ein Anhänger einer Ersatzreligion weiß also dank ihrer Gesetze in jedem Augenblick, wie, was, wer er ist, und findet seine Welt durch einen – wie auch immer geartete – »Gott« stets in Recht und Unrecht eingeteilt. Solche Regeln ersparen ihm individuelle (freie) Entscheidungen und bewahren ihn vor der Verantwortung von deren Konsequenzen.

Eine kollektiv praktizierte Ersatzreligion verfügt außerdem über die Möglichkeit zu Strafen. Das ist wichtig, denn erst die Strafe für Regelverstöße schafft den notwendigen Zwang zu systemkonformem Verhalten. Die Höchststrafe für den Verräter einer Ersatzreligion ist nicht etwa der Tod, sondern der Ausschluß aus der Gemeinde der Gläubigen, denn er stößt ihn in jene Freiheit zurück, vor der er ja – wie seine Anhängerschaft beweist – grundsätzlich auf der Flucht ist. Häufig ist es daher leichter, bei Verlust einer solchen Zugehörigkeit zu sterben, als ohne sie weiterzuleben.

Auch Unkontrollierbarkeit ist ein Merkmal einer brauchbaren Ersatzreligion. Sie ist entweder durch die Vielfalt der Gesetze gegeben – die ein einzelner dann nicht mehr überblicken kann – oder durch ihre Unverständlichkeit. Das »Gottes Wege sind wunderbar« der Christen ist nicht aufschlußreicher als das marxistische »Die Partei hat immer recht«.

Außerdem hat eine solche Religion nach Möglichkeit eine Galionsfigur: Sie wird entweder direkt durch eine bestimmte Person dargestellt (Marx, Stalin, Hitler) und durch das sich unterwerfende Ich »logifiziert«, das heißt widerspruchslos in seine Begriffswelt und damit in seine Logik übernommen (Marxismus, Stalinismus, Nationalsozialismus), oder durch ein erdachtes Wesen »personifiziert« (dem Kommunisten etwa durch die unfehlbare »Partei«, die alle Züge einer Gottheit trägt). Bei schwachen

Systemen – wie etwa der Demokratie – ist die Personifizierung entsprechend vage. Immerhin gibt es auch hier noch den »Geist« der Liberalität, der nach Bedarf beschworen werden kann.

Wichtig ist noch, daß eine Ersatzreligion ihren Anhängern Zeremonien bietet, die den bedingungslosen Gehorsam des Betreffenden sowohl den anderen als auch ihm selbst konkret darstellen (Gelübde, Initiation, Parade, Mutprobe), und daß sie ihm Gelegenheit gibt, diesen Gehorsam auch Anhängern anderer Systeme mitzuteilen (Fahne, Uniform, Emblem).

Wirklich perfekt ist eine Ersatzreligion aber erst dann, wenn sie Feinde hat. Denn ohne andere Systeme wäre ein bestimmtes System als solches nicht erkennbar – ein System, das alles einschließt, gibt es nicht. Selbst wer das Universum als solches anbetet, mit oder ohne Anfang und Ende, mit oder ohne Ziel, tut das wohl immer im Bewußtsein eines elitären Protestes gegen die Enge der »Lebensphilosophien«... Je größer und näher der Feind, desto besser: Verfolgung durch Andersdenkende erspart den Anhängern einer kollektiven Ersatzreligion Vorstellungskraft und bestätigt sie in der Notwendigkeit ihres Kampfes mehr als die Appelle der jeweiligen Chefideologen.

Fatal ist dabei allerdings, daß sich jedes System im Lauf der Zeit verändert und gleichsam selbständig weiterentwickelt und daß man es als sein Anhänger auf diesem Weg automatisch begleitet. Kritik oder gar moralische Entrüstung ist unmöglich: Sobald man sich einmal in die Fänge eines Ideologen begeben hat, wird man unfähig, selbständige moralische Unterscheidungen zu treffen – um sich diese zu ersparen, ist man ja seinem System beigetreten. Der Ideologe verkörpert für immer »das Gute« – eine andere Moral als die seine gibt es nicht mehr.

Der Austritt aus einer kollektiven Ersatzreligion wird daher niemals durch Einsicht erfolgen: Man wird sich nur dann aus ihr »befreien«, wenn sie nicht mehr genügend Gelegenheit zum Gehorsam bietet – wenn man sich als ihr Anhänger zu ungebunden fühlt. Doch stürzt man sich dann meist sofort in die nächste (Erkenntnis = Bekenntnis).

Befreiung bedeutet daher lediglich den Übergang von einer Religion in die folgende, denn jede Religion definiert die alte als unfrei. Ein Atheist, der zum Christentum übergetreten ist, fühlt sich befreit, ein Christ, der zur »Gottlosigkeit« des Marxisten gefunden hat, rühmt seine Befreiung. In der Regel wird man jedoch den Weg von einer liberalen Religion in eine strengere nehmen und die radikale Ideologie über die laxe siegen lassen. Denn mehr als Schmerz, Tod, Unmenschlichkeit oder Demütigung fürchten wir den eisigen Wind der Freiheit. Solange wir zuverlässige Verhaltensregeln nur in radikalen Systemen finden, werden wir solche bevorzugen. Sobald die Regeln unseres jeweiligen Systems zu liberal werden, sobald wir nicht mehr wissen, wie wir uns richtig verhalten, wenden wir uns ab und suchen woanders.

Wir suchen die festen Regeln überall: in Partnerschaften, Familien, Berufen, Firmen, Parteien, Kirchen, Sekten, Ideen, Prinzipien, Modellen – doch immer gilt der Grundsatz, daß wir als Anhänger lascher Systeme entweder zu strengeren überlaufen oder in ständiger Suche nach dem Glück der Unterwerfung von einem System zum nächsten eilen, ohne je das Maß an Unfreiheit zu finden, das wir zum Leben brauchen.

Sobald wir in ein System eingestiegen sind, gibt es kein Zurück. Falls nicht ein Wunder geschieht, werden wir alles mitmachen, was man im Namen des Systems von uns verlangt. Wie der Christ sagt: »Die Ersten werden die Letzten sein« und »Wer sich selbst erniedrigt, wird erhöht werden«, proklamieren wir nun mit der größten Selbstverständlichkeit Parolen wie »Gewaltlosigkeit durch Gewalt« oder »Erneuerung der Gesellschaft durch ihre Vernichtung«. Denn unsere Logik wird die Logik unseres Systems sein. Doch im Grunde sind wir bei allen diesen Machenschaften völlig unschuldig – verantwortlich im eigentlichen Sinne sind wir nicht, denn unsere Menschlichkeit ist die Menschlichkeit unseres Systems, sein Gewissen ist unser Gewissen. Im Grunde wollen wir immer »das Gute« – und was gut für das System ist, ist auch gut für uns.

Um Beweise lassen wir uns nicht bitten: Wenn wir im Namen unseres Systems sterben müssen, dann wird auch das noch gut sein, weil dieser Tod dann ein sinnvoller Tod ist. Wir werden dem Befehl zum Sterben mit derselben Gläubigkeit nachkommen wie vorher dem zum Foltern. Wenn man den Berichten über Exekutionen glauben darf, dann bereitet es offenbar Lust, die bis zum Orgasmus führen kann, aufgrund eines Urteils sterben zu müssen, dessen Logik man sich unterworfen und dem man Namen wie »Gott«, »Gerechtigkeit«, »Schicksal« oder »Vaterland« gegeben hat.

Wir ignorieren das alles und reden ungeniert von Freiheit. Wir sagen, daß die Jugend Ideale braucht, und nennen uns selbst stolz Idealisten, obwohl ein Idealist das Gegenteil von einem freien Menschen ist. Wir konsultieren

Wahrsager, Orakel, Astrologen, holen Trost und Rat bei Menschen, »denen wir vertrauen«, tun aber so, als sei die freie Entscheidung unser höchstes Ziel. Wir zeugen Kinder, opfern uns für diese Kinder auf, machen uns aber – trotz all dieser Abhängigkeiten, in die wir uns selbst begeben – vor, unser eigentliches Streben sei das nach Unabhängigkeit. Wir verbringen Jahre unseres Lebens mit Freiheitsträumen, die wir nie realisieren wollen, wir schämen uns unserer Bindungen, weil wir sie für Eingeständnisse der Schwäche halten, versprechen anderen eine Freiheit, die sie genausowenig brauchen können wie wir selbst.

Natürlich würden wir uns durch Aufrichtigkeit einige Mißverständnisse ersparen. Unser widersprüchliches Verhalten wäre sehr viel einleuchtender, wenn wir uns darüber klar wären, daß nicht Freiheit das Ziel unserer Wünsche ist, sondern Unfreiheit. Unsere Grausamkeiten wären verzeihlicher, wenn wir uns als Handlanger von Systemen sähen, in die uns die Angst getrieben hat. Unsere Unternehmungen wären verständlicher, wenn wir wüßten, daß uns die Unfreiheit eine weit intensivere Lust verschafft als die Freiheit.

Ich bin inzwischen davon überzeugt, daß diese These von der Angst vor der Freiheit und der Konsequenz, die daraus zu ziehen wäre – die des stolzen, couragierten Ertragens dieser Angst –, nicht zu popularisieren ist. Die wenigen, die ihre Freiheit bei vollem Bewußtsein in Kauf nehmen, muß man nicht aufklären: Sie kennen die Gefahren der Ideologien, beobachten teils belustigt, teils neidisch, wie andere sich ohne jeden Anflug von Selbstironie an ihrer jeweiligen fixen Idee berauschen, und ertragen dann stoisch das Ergebnis der Missionierungskämpfe.

Die Dummen braucht man nicht aufzuklären, denn ihnen macht ihre Freiheit nichts aus. Und da sie innerhalb jeder Ideologie, sobald deren Anhängerschaft eine gewisse Größe erreicht hat und das Mitmachen Macht, Geld, Status oder sonstige Vorteile verspricht, zu willigen Helfern werden und sich (wie wir sehen werden) an die Spitze schieben, würden sie auch gar nicht zuhören.

Und die übrigen dürfen die Angst vor der Freiheit nicht zur Kenntnis nehmen. Sie alle haben sich ja in der einen oder anderen Form den Kampf um eben diese Freiheit auf die Fahne geschrieben. Daß kaum einer die erkämpfte Freiheit ertragen kann, daß er selbst aus eben dieser Angst heraus so verbissen um die Freiheit seiner Mitmenschen kämpft, darf er nicht denken, weil es das Ende der Missionierungsorgien wäre.

Wie steht es nun an der Wende zum nächsten Jahrtausend mit der Suche nach dem Religionsersatz? Welche Idole und Ideale werden uns hier am meisten beflügeln?

Da dank der orthodoxen Religionen, die ja nie genug Schäfchen in ihren Machtbereich bekommen, die Zahl der Menschen wächst und damit Hunger und Armut größer werden, wird alles wiederkehren, was wir bereits überholt und überwunden glaubten. Die einen werden es als gerecht empfinden, ihrem zusammengepferchten Volk mehr Raum zu verschaffen, und dies bedeutet eine Renaissance des Nationalismus. Die anderen werden ihre Gerechtigkeit darin sehen, angesichts der immer größeren Flüchtlingsströme die Eigenheiten ihres Volkes zu verteidigen, was eine Renaissance des Rassismus mit sich bringt. Und die Sensibelsten von allen werden vor all diesem Elend wieder einmal die Geduld verlieren und versuchen, die Gleichheit ihrer hungernden, diskriminierten und verfolgten Brüder und Schwestern mit Waffengewalt zu erzwingen. In dem Tempo, in dem auf dieser Welt die Masse der unfreiwillig Versklavten zunimmt, wächst die Masse derer, die sich freiwillig bei der dann wiederauferstandenen kommunistischen Partei versklaven.

Von jenen Unfreiheitssystemen, bei denen nur einer zu einem betet, wird auch im nächsten Jahrtausend das populärste die Religion Liebe sein. Und da das Erreichen eines Ziels zur Folge hat, daß man wieder frei ist, wird es, wenn wir ehrlich sind, die unerwiderte Liebe sein, nach der wir schmachten werden.

DIE SEGNUNGEN
DER UNERWIDERTEN LIEBE

Wie kommt es, daß für Menschen mit einiger Erfahrung jeder Hochzeitsmarsch wie ein Requiem für eine sterbende Liebe klingt? Daß ihnen die Augen feucht werden vor Rührung über diese beiden, die da vorne am Altar wieder einmal die Quadratur des Kreises proben? Denn wenn Liebe ein Begehren ist – Sehnsucht nach der größtmöglichen körperlichen und geistigen Annäherung an eine bestimmte Person, die in der Regel anderen Geschlechts ist –, betreiben die beiden ein grausames Spiel gegen sich selbst. Wie sollte man jemanden begehren, der einem von Stund an mit Stempel und Unterschrift gehört und den man besitzen *muß*, da der Nichtvollzug des Liebesakts ein (juristischer) Grund für die Trennung von Tisch und Bett und damit oft eine materielle Bestrafung in Form von Unterhaltszahlung ist?

Bestenfalls die Aussicht auf eine große Freundschaft wäre bei einer Hochzeit zu feiern, denn Freundschaft ist das Optimum dessen, was nach ein paar Jahren von einer vertraglich abgesicherten Leidenschaft übrigbleibt. Und auch das nur bei den sogenannten »guten« Ehen. Doch für eine Freundschaft braucht man keine Unterschrift vor Zeugen zu leisten, weil man seinen Freunden freiwillig die Treue hält. Die vielen Paare, die ihre Liebe im Lauf der auf die Zeremonie folgenden Jahre nicht in Freundschaft verwandeln können, werden wie Tote beieinander liegen oder sich vor der Gleichgültigkeit des anderen irgendwann zum Scheidungsrichter flüchten. Falls sie es sich leisten können.

Der tiefere Grund, weshalb man jemandem ehrlicher-weise eher eine unerfüllte als eine erfüllte Liebe wünschen sollte – und zuallerletzt eine, die sich in Hochzeitsmär-schen zelebriert –, liegt auch hier wieder in unserer Sehn-sucht nach Unfreiheit. Daß die große Liebe in dieser Region beheimatet ist, erkennt man schon an der Terminologie: Liebe ist Götterglaube, Religion. Dem Liebenden ist das ge-liebte Wesen sein »ein und alles«, er würde »alles für es op-fern«, »sogar sein Leben«. Denn erst durch sie, die geliebte Person, hat dieses Leben »einen Sinn« erhalten – falls sie ihn verließe, wäre er »verloren«.

Wer dies nicht glauben mag, lese wieder einmal ein paar Liebesbriefe; die eine oder andere entsprechende For-mulierung steht in jedem. Liebeserklärungen sind Kniefäl-le vor einem höheren Wesen – die bedingungslose Form der Kapitulation. Man könnte sie ohne jede sprachliche Korrektur in der Liturgie verwenden.

Der Unterschied zur Kirche besteht in der Anzahl der Personen, die an der Andacht beteiligt sind. Zum landläu-figen Gott beten viele, doch bei der Anbetung des oder der Geliebten wird man in der Regel (und wenn man Glück hat) nur ein einziger sein. Liebe ist daher die Religion mit der kleinsten Gemeinde: Gott und Anbeter im Verhältnis eins zu eins. Man kann sie deshalb auch eine Privatreligi-on nennen. Natürlich ist dieser »Gott« eine Fiktion, doch gibt es vielleicht den anderen?

Jede große Liebe beginnt also mit einer Illusion und kann daher – falls der Tod das Paar nicht in einer relativ frühen Phase der Leidenschaft scheidet oder sich einer von ihnen aus dem Staub macht und sich nie wieder blicken läßt – nur mit einer mehr oder weniger großen Desillusionierung enden: Du lieber Himmel, was habe ich nur in dem gesehen?

Die Sehnsucht nach der Religion Liebe beginnt lange vor der nach Befriedigung unserer sexuellen Gelüste, sie beginnt mit der Geburt. Denn bereits hier treffen wir in völliger Hilflosigkeit auf den ersten Gott unseres Lebens, der in der Regel eine Göttin namens Mutter ist. Bereits zu diesem Zeitpunkt lernen wir das Einmaleins unserer späteren Frömmigkeit.

Und nie wieder werden wir einem Gott dermaßen ausgeliefert sein wie diesem ersten. Nicht nur unser psychisches Wohlbefinden, auch unser physisches Überleben hängt davon ab, *ihr* zu gefallen. Die Bedingungen sind glücklicherweise überschaubar: Bravsein, Aufessen, Zähneputzen, Beten. Denn über ihr, spricht die Göttin, sei noch ein zweiter, ein richtiger Gott... *Aber ich sehe keinen... Er ist unsichtbar – du kannst ihn nicht sehen.* Doch eigentlich ist das egal. Man betet zwar zu dem anderen, aber man tut es ihretwegen.

Gegen die Todesangst ist man sogar überversichert. Sterben ist etwas für alte Leute, und man ist ja ein Kind. Außerdem ist da noch dieses Paradies, von dem die Göttin erzählt. Alles wie daheim, nur noch viel schöner. Die herrlichsten Wiesen zum Herumtoben. Schafe, Schäfer, Schäferhunde. *Bist du auch da? – Ich bin sogar schon vor dir da und werde gleich hinter dem Eingang auf dich warten.*

Der Sinn des Lebens besteht also darin, es ihr in allem recht zu machen. Und die Angst vor der Freiheit kann man in diesen Jahren gar nicht kennenlernen. Bis ins kleinste Detail ist ja von dieser Göttin alles geregelt. Kritik an der Weisheit ihrer Entscheidungen würde sie nur traurig machen. Auch den Altar muß man nicht lange suchen: Wenn man ihr ein paar Gänseblümchen bringt, erntet man ein Lächeln.

Doch irgendwann hat man sich dann aus diesem ersten Himmel hinauskatapultiert. Mit dem Aufwachsen kommt auch die größere Übersicht: Man beginnt, seinen Engel mit dem der anderen Kinder zu vergleichen. Aha, so perfekt ist er also gar nicht! Und auch mit der Unfehlbarkeit ist es nicht weit her... Es beginnt die bittere Zeit der Pubertät. Der Stern des Kindheitsgottes ist im Sinken und weit und breit noch kein neuer in Sicht. Eine Zeitlang überzeugt man sich noch mit gezielter Blasphemie, daß man sich nicht getäuscht hat – widerspricht dem ausgedienten Gott, kritisiert und beschimpft ihn. Und siehe da, kein Blitz schlägt ein. Da sitzen nur betrübte Eltern, die ihre Kreation nicht mehr verstehen.

Und nun wird auch der Gehorsam verweigert. Da man dieser Instanz nicht mehr glauben darf, fehlt der Religion das *sine qua non*: Das Befolgen der Gebote muß freiwillig geschehen. Dies ist tatsächlich das einzige, wozu sich der Phantasievolle Freiheit wünscht: Sobald ein bestimmter »Gott« seine Sehnsucht nach Selbstaufgabe nicht mehr voll befriedigt (sobald er nicht mehr bedingungslos an ihn glauben kann), möchte er sich einen neuen suchen dürfen. Und der Erwählte wird immer der sein, der ihm am meisten Unfreiheit verspricht: »Ich bin der Weg, die Wahrheit und das Leben.« Daß man neben ihm keine anderen Götter haben soll, müßte er nicht dazusagen. Intelligenz macht monotheistisch: Auf keinen Fall möchte man zu zwei Instanzen beten und zwischen zwei Arten von Gut und Böse entscheiden müssen. Dann wäre man ja wieder frei.

Um dem eisigen Wind dieser ersten Freiheit zu entrinnen, werden immer neue Götter ausprobiert. Alles, was Maßstäbe setzen könnte, ist willkommen: Selbstbewußte Klassenkameraden und unorthodoxe Lehrer werden angehimmelt, über dem verwaisten Hausaltar sind die Porträts von Fußballhelden und Popstars aufgehängt. Doch da man weiterwächst, sind nach ein, zwei Jahren auch diese Idole meist schon wieder zu klein.

Und natürlich wird in dieser Zeit der Suche erstmals auch der Gott der abgesetzten Göttin einer genaueren Betrachtung unterzogen. Jener unsichtbare Dienstleistungsbetrieb, dem man noch vor ein paar Jahren so souverän seine Anweisungen gab: »Lieber Gott, mach mich fromm, daß ich in den Himmel komm!« Allerdings ist hier größte Vorsicht am Platz: Wie kann jemand, den man gerade erst als falsche Autorität entlarvt hat, einen akzeptablen Gott haben?

Da man bei dieser ersten Enquete noch die Logik und nichts als die Logik gelten läßt, ist das Ergebnis um so verheerender, je besser der Inquisitor zum Denken befähigt ist. Dieser Gott, stellt er fest, hat zwar vielleicht die Erde gemacht, leider aber auch das Erdbeben. Er schickt einem das Badewasser, aber auch die Überschwemmungskatastrophen. Er läßt Krokusse und Krebsgeschwüre gleichermaßen sprießen, hält seine Hand über den Flug von Schwalben und Raketen. Wenn es ihn gibt, dann ist er nicht nur der Vater des Atoms, sondern auch der Atombombe gewesen. Dann ist er nicht nur der Erfinder der Kinder, sondern auch der Kinderlähmung. Dann hat er seinen hübschen Schwulen das brutale Aids-Virus hinterhergeschickt. Dann hat er sich nicht nur ein »ausgewähltes Volk« erkoren, sondern auch noch jenes zweite, das es wegradierte. So wunderbar sind seine Wege also nicht. Höchstens zum Wundern.

Und als Adressat für Gebete ist er schon gar nicht zu gebrauchen. Denn wenn dieser Gott so ist, wie er dem prüfenden Blick erscheint – unberechenbar und grausam –, dann sollte man seine Aufmerksamkeit auf gar keinen Fall noch zusätzlich durch Beten provozieren: Wer weiß, ob er einem zur schlechten Physikzensur nicht auch noch ein gebrochenes Bein schickt?

Und falls er so ist, wie ihn die anderen zu sehen scheinen – gütig und barmherzig –, dann tut er ohnehin sein Bestes, ohne Ansehen von Rasse, Hautfarbe und Religion. Bei einem *lieben* Gott ist schon aus christlichen Gründen vom Beten abzusehen, denn es gibt ja immer Leute, die seine Erste Hilfe noch dringender brauchen. Was ist, wenn er sich in seiner Barmherzigkeit erweichen läßt (vielleicht nur, weil man besser formulieren kann als irgendein verhungernder Analphabet) und einen vorher an die Reihe nimmt? Eigentlich, denkt der junge Gottsuchende, können nur Atheisten reinen Gewissens beten. Gerade weil sie nicht fürchten müssen, sich bei irgend jemandem vorzudrängen, kann die beruhigende Wirkung des Mantra sich entfalten: So viele Patienten da auch warten, dieser Doktor hat ohnehin zu.

Auch der gepriesenen Selektion an der Ewigkeitsrampe – der da fürs Paradies, jener fürs Fegefeuer – kann unser Denker nicht viel abgewinnen, fragt er sich doch, wie ein Christ seinen Weg ins ewige Leben genießen soll, wenn sie die anderen in jenen Gulag transportieren. Dabei lernt man doch heutzutage schon in der Schule, daß es die sozialen Umstände sind, die den »Sünder« produzieren! Sein Klassensprecher hat ihm kürzlich vorexerziert, wie solche

Situationen zu behandeln sind: »Kommt nicht in Frage«, hat er zum Direktor gesagt, »entweder wir gehen alle auf dieses Fest, oder es kommt überhaupt keiner.« Das hat ihm vielleicht Eindruck gemacht, dem alten Besserwisser.

So vergehen Jahre mit den Göttern anderer Leute. Und eines schönen Tages ist der Heranwachsende dann erlöst. Unterstützt von seinem wachsenden Sexualtrieb hat er in der Parallelklasse jemanden entdeckt, der sich sehr viel besser dazu eignet, sein Gott zu werden: Er findet die »große« Liebe. Daß es die erste einer ganzen Serie ist, würde er nicht glauben. Einen Gott wie diesen kann es nur einmal geben!

Und hier beginnt das Problem. Denn die Person, die er da gefunden hat, hat einen ähnlichen Hintergrund wie er selbst und ist auf der Suche nach demselben Ziel. Auch sie flieht vor ihrer allzu großen Freiheit, auch sie sehnt sich nach jemandem, zu dem sie »aufblicken« kann.

Nach einer mehr oder weniger langen Zeit des Liebeswerbens – einer Art Einbahnbeten, bei der der Gottsucher dem endlich Gefundenen erklärt, er sei das überwältigendste aller vorstellbaren Wesen – kommt dann der Augenblick, in dem beim Beten der Gegenverkehr beginnt: Der Gott hat seinen Anbeter »erhört« und beginnt, zu ihm zurückzubeten.

Das klingt am Anfang harmlos. Während sich die Körper kennenlernen, ist die Andacht lapidar. Ich liebe dich, betet der eine zwischen Küssen. Ich liebe dich auch, betet der andere zurück. Doch dann ist der Altar erforscht, die Aufmerksamkeit beginnt sich mehr und mehr der Liturgie zuzuwenden.

In meiner Novelle »Die Mathematik der Nina Gluckstein« habe ich beschrieben, wie die Fortsetzung notgedrungen ausfallen muß: Um den lustvollen Abstand zum
Gott wiederherzustellen, wird man nun einen Schritt weitergehen und dessen »Ich liebe dich auch« mit einem »Ich
liebe dich wahnsinnig« übertrumpfen. Doch falls es auch
bei ihm die große Liebe ist, wird dies wenig nützen: Auch
er radikalisiert seine Bankrotterklärung. So kommt mit der
Zeit eine Kapitulation zur anderen, bis sich dann der Dia-
log zwischen leidenschaftlich Verliebten – stark stilisiert –
so anhört:

»Noch nie habe ich eine Frau so begehrt wie dich.«

»Und ich habe das Gefühl, überhaupt noch nie einen
Mann begehrt zu haben.«

»Wenn du da bist, muß ich dich ansehen. Wenn ich allein bin, denke ich stundenlang an dich.«

»Ich kann ohnehin nur noch an dich denken.«

»Warum ausgerechnet ich, frage ich mich dann – sie
könnte doch jeden haben!«

»Und du? Alle Frauen stehen dir zur Verfügung!«

»Ich will nur dich. Du bist die, auf die ich gewartet habe,
das weiß ich genau.«

»Und ich weiß, daß ich nie vorher geliebt habe. Und
daß ich nie jemanden lieben werde, der nicht du bist.«

»Ich kann ohne dich nicht mehr leben.«

»Ich auch nicht. Falls du vor mir stirbst, bringe ich mich
um.«

Ja, was ließe sich darauf noch sagen? Und: Wie könnte ein
Gott, der ohne seine Kreatur nicht existieren kann, noch

lange zum Anbeten geeignet sein? »Ein Club, der mich zum Mitglied will, ist mir nicht vornehm genug«, lautet Groucho Marx' grausames Paradoxon. »Zu einem Gott, der mich anhimmelt, möchte ich nicht beten«, könnte man es für die Liebe variieren. Allerdings nur für den Fall, daß man sich eingestünde, daß der Zweck des ganzen Unternehmens mehr als dem Stillen der sexuellen Sehnsüchte der Befriedigung des Verlangens nach Unfreiheit gegolten hat. Da wenige Menschen so grob mit sich umgehen mögen, wird man sich in der Regel nur sagen, daß der andere einen irgendwie zu langweilen beginnt – und man fragt sich, was man eigentlich in ihm gesehen hat.

Mit anderen Worten: Bei phantasievollen, sensiblen Partnern wird der, dem der Gott am ersten zu fehlen beginnt (und der am meisten Auswahl hat), sich lösen und von neuem auf die Suche gehen. Und wenn er dann einen findet, der besser zum Anbeten taugt, läßt er den früheren rücksichtslos fallen: Die neue Religion heiligt jedes Mittel, das dazu dient, sich der alten zu entledigen.

Und eines Tages blickt der Zurückgebliebene dann auf und merkt, daß er in seiner Kirche allein ist. Sein Gott hat ihn verlassen – er ist wieder frei. Die Sprache hat für dieses Entsetzen einen harmlos klingenden Namen: Liebeskummer. In diesem Zustand wäre das Sterben reine Formsache: Man ist so sehr daran gewöhnt, sich und die Welt mit den Augen des Angebeteten zu betrachten, daß man ohne ihn nicht mehr vorhanden ist. Und weit und breit kein Trost. »Schau dich doch um«, sagen die Freunde, »es gibt Millionen andere, und die meisten sind schöner und gescheiter als der.« Doch man sieht sie nicht.

Glücklicherweise wird das Elend mit der Zeit trotzdem

irgendwie geringer. Und eines Tages steht dann tatsächlich der nächste Erlöser vor der Tür. Diesmal, sagt man sich, wird man vorsichtiger sein.

Vorsicht in der Liebe – was käme bei diesem Kunststück wohl heraus? Müßte es doch zwangsläufig darin bestehen, den Anbeter *nicht* zu erhören – jedenfalls nicht immer. Seine Gebete *nicht* zu erwidern – oder wenigstens nur sporadisch. Seine Bankrotterklärung *nicht* zu überbieten und ihm – selbst wenn es hundertmal die Wahrheit wäre – auf keinen Fall zu sagen, daß man ohne ihn nicht leben könne.

Gut, vielleicht wird sich einer, der erkannt hat, nach welch grausamer Gesetzmäßigkeit die Liebe zwischen phantasievollen, sensiblen Menschen funktioniert, unter Aufbietung seines ganzen Willens dazu durchringen, im Beteuern seiner Leidenschaft wenigstens etwas zurückhaltender zu werden: Der Passion seines Partners könnte es nur von Nutzen sein, und seiner eigenen würde es nicht schaden. Doch das ganze mathematische Programm? Kann jemand zugleich kühl und leidenschaftlich, beherrscht und verlangend, mächtig und ohnmächtig sein?

Und selbst wenn er diese paradoxe Aufgabe meistern würde, wenn es ihm gelänge, den Geliebten dank einer Taktik äußerster Zurückhaltung immer fester an sich zu binden und zu erreichen, daß jener ihn immer mehr braucht – wo läge sein Gewinn? Wäre der, den er nun so total erobert hat, noch der, den er erobern wollte? Wo bliebe die Göttlichkeit eines Gottes, den er manipulieren kann? Wie könnte er ihn noch *lieben*?

Indem man jemanden zähmt, hat man ihn auch entzaubert; indem man ihn entzaubert hat, hat man ihn auch zerstört. Die so schwer erlernte Zurückhaltung ist damit überflüssig – nicht einmal im Verborgenen möchte man zu dem gestürzten Idol noch beten. Und falls nun ein anderer, besser zum Herrgott Geeigneter des Weges käme, würde man ihm ohne Gewissensbisse folgen. Dem Zurückbleibenden teilt man mit, daß er nicht mehr der sei, in den man sich seinerzeit verliebte.

Mit anderen Worten: Falls sich das Problem der Liebe überhaupt auf pragmatischer Ebene lösen ließe, wäre diese Lösung nur dann von Nutzen, wenn es uns beim Lieben um das Glück des anderen ginge. Da er nur beten kann, wenn wir ihm *nicht* zu Füßen liegen, wären wir schon aus ethischen Gründen dazu verpflichtet, ihm unsere Liebesschwüre zu ersparen. Könnten wir ihn doch so für lange Zeit, eventuell sogar für immer vor Desillusionierung schützen und ihm den Gott erhalten, den er so dringend benötigt.

Doch trotz aller frommen Sprüche geht es uns in der Liebe ja nicht in erster Linie um das Glücklichmachen des Geliebten. Wie so häufig steht auch hier das eigene Glück im Vordergrund. Gerade die ganz große Liebe – bei der man dem Partner alles, notfalls sogar sein Leben, opfern würde – ist wohl das härteste aller zwischenmenschlichen Geschäfte (härter noch als Freundschaft, diese Versicherung gegen Notstände, die keine der üblichen Policen deckt). Das Liebespaar ist eine Firma, der beide Partner zwecks Bekämpfung ihrer Existenzangst beigetreten sind. Die Strategie zielt darauf ab, selbst der zu werden, der »aufblicken« darf, und den Schwarzen Peter Freiheit dem anderen zuzuschieben. Für diesen Vorzug würde man über Leichen gehen, und logischerweise wird der tödlich Getroffene meist ausgerechnet der ehemals so Geliebte sein.

Mit Berechnung ist das Dilemma also wohl kaum zu lösen, sonst würden gerade die, die unter dieser unglückseligen Mechanik am meisten zu leiden haben – die Intelligenteren –, sich einer solchen Liebesmathematik bedienen. Doch wohin man auch blickt, überall ist der gleiche dumpfe Mechanismus zu erkennen. Etliche Monate gemeinsamen Glücks, und dann zerfällt das Paar unweigerlich in einen Teil, der immer mehr, und einen, der immer weniger empfindet. Einen, der zu fliehen beginnt, und einen, der ihn verfolgt, ohne ihn je wieder einzuholen. Vor allem, weil der Flüchtende – der ja auch die große Liebe sucht – bald schon hinter einem Dritten her ist, der seinerseits vor ihm davonrennt. Bis einem dann schließlich auch dieses Vergnügen gestrichen wird.

Denn eines Tages ist dann die Jagdsaison zu Ende. Mit irgendeinem aus der Liebesstafette hat man während der Phase der gegenseitigen Anbetung einen Exklusivvertrag geschlossen: Man hat ihn geheiratet und einen Menschen mit ihm gezeugt. Das mit dem Gott gemachte Kind – das Kind der Liebe – ist die maximale Eskalationsmöglichkeit des religiösen Wahns, in dem sich jeder Liebende befindet. Die bisher nur mündlich abgegebene Kapitulationserklärung wird durch eine irreversible Handlung abgesichert: Durch das Kind kann man dem Angebeteten beweisen, daß das alles keine leeren Worte waren, daß man tatsächlich bereit ist, ihm sein Leben zu weihen. Außerdem ist dieses Kind die beste Vorkehrung gegen die einzige Katastrophe, die man fürchtet: die, daß der Geliebte einem davonlaufen könnte.

Doch dann ist es vielleicht auch mit dieser Religion

vorbei, und man möchte selber weg. Dem ausgedienten Gott könnte man leicht die kalte Schulter zeigen: Wenn man *erkennt*, daß man einen bestimmten Menschen nicht mehr liebt, bedeutet das ja in der Regel, daß da ein anderer ist, zu dem man sich *bekennen* möchte (Erkenntnis = Bekenntnis). Doch wie verläßt man ein Kind? Je phantasievoller und sensibler einer ist, desto unüberwindbarer sind seine Gefängnismauern. An den früheren Gott kann er nicht mehr glauben, und auf dem Altar des neuen müßte er zunächst einmal das Glück eines kleinen Kindes massakrieren. Je besser er sich dessen Unglück auszumalen weiß – je mehr Einbildungskraft er besitzt –, desto weniger ist er imstande, sich aus dem Staub zu machen. Mit den Privatreligionen ist es nun für lange Zeit vorbei.

Das ist die Stunde der Kollektivreligionen. Da die Exklusivgötter tabu sind, wendet man sich den erlaubten zu (denen, die vielen Menschen gleichzeitig zum Anbeten zur Verfügung stehen) und lindert hier seine Ängste. Nicht, daß man mit der Frage nach dem Sinn des Lebens irgendwelche Schwierigkeiten hätte. Das Glück des Kindes ist nun dieser Sinn. Doch die beiden anderen Ängste – die vor dem Tod und die vor der Freiheit – sind gerade dadurch noch größer als zuvor. Der Tod bedeutet nun auch, einen Hilflosen zurückzulassen. Und mit seiner Handlung entscheidet man nicht mehr nur über das eigene Schicksal, sondern auch über das des kleinen Menschen, den man während der Phase der Unzurechnungsfähigkeit erschuf.

Je dringender man nun nach Hilfe sucht, desto großzügiger werden auch die Maßstäbe, nach denen man das zur Verfügung stehende Religionspotential beurteilt. Jener Gott der Eltern, wie streng ist man doch seinerzeit zu ihm gewesen! Er ist zwar unterdessen nicht vertrauenswürdiger geworden – eher schon das Gegenteil –, doch die neue Notlage kann diese Logik verändern. Plötzlich mag der Gedanke plausibel erscheinen, es müsse ihn schon deshalb geben, weil man ihn so dringend braucht. Die Sehnsucht nach dem Beten gilt nun als Beweis für die Existenz des Adressaten. Da war man kürzlich nach Jahren wieder einmal in der Kirche: Hat einen das Niederknien nicht trotz aller Skepsis irgendwie mit Frieden erfüllt?

Diese nostalgische Rückkehr ist selbstverständlich nicht jedermann gegeben. Der eine oder andere versucht es lieber mit einer der zeitgenössischen Religionen, unterwirft sich etwa den Regeln eines Guru oder läßt sich sein Horoskop errechnen: »Was mir da passiert ist, stand alles in den Sternen. Und diese neue Stelle – annehmen oder nicht?« Wieder andere werden versuchen, sich als wandernde Seelen zu begreifen: Daß es ihnen in diesem Leben schlechtgeht, kommt daher, daß es ihnen im vorigen so gut ergangen ist, und im nächsten schwingen sie sich dann als Adler in die Lüfte. Bei wieder anderen tut's auch schon das Kartenlegen: »Ein As bei der Dame? Da kommt Ihnen ein großes Glück ins Haus. Nur vor dem Buben da muß ich Sie warnen...« Wen seine Psyche zu keiner dieser Tröstungen begnadigt, der wird seine Angst mit Arbeit, Alkohol oder Medikamenten zu betäuben suchen. Doch keine dieser Drogen schenkt ihm auch nur annähernd den Rausch, den ihm seinerzeit das Opium Liebe bescherte.

Die Liebe ist ja ein veritables Lust-Paket: Da sie zugleich die Sehnsucht nach dem Sexualpartner und die nach dem Gott befriedigt, ist sie – zumindest für Kinderlose mit intaktem Sexualtrieb – allen anderen Religionen über-

legen. Dies ist wohl der tiefere Grund der Zölibatsver-
ordnung: Die Kirche weiß, daß ein Priester während der
Dauer seiner Passion zu einem bestimmten Weibe den
Gott, auf den es ihr selber ankommt, an die zweite Stelle
rückt. Daß sie diese Leidenschaft ihres Dieners trotz Straf-
androhung nicht verhindern kann, beweist sowohl die Un-
weisheit ihrer Entscheidung als auch die Überlegenheit
des leiblichen Privatangebots. Erst wenn der Unfreiheits-
kämpfer ein gewisses Alter erreicht, kehrt er gänzlich in
ihren Schoß zurück. Das Fleisch, dessen Anfechtungen er
nicht widerstehen konnte, widersteht nun ihm.

Sein ungläubiger Bruder draußen hat es da bedeutend
schwerer. Er fragt sich, warum gerade er – der er sie doch
so dringend brauchte – die ganz große Liebe, die für immer,
nicht finden konnte. Was hat er nur falsch gemacht?

Eines der Mißgeschicke des Frustrierten bestand vermutlich darin, daß er anstatt auf einen Dummen immer wieder auf Gescheite traf. Denn vor allem, wenn sie schön
sind, vermögen dumme Menschen bei Phantasiebegabten
wenigstens einigermaßen haltbare Leidenschaften aus-
zulösen. Allerdings sind diese dann nicht gegenseitig: Es
liebt nur einer, und dieser kann stets nur der intelligentere
der beiden sein. Doch wenn der Dumme sich nicht äußert,
kann diese Beziehung von Außenstehenden leicht als rezi-
proke Leidenschaft gesehen werden. Es ist sogar wahrscheinlich, daß auch er, der Dumme selbst, das für die
große Liebe hält. Denn er fühlt sich ja wohl in dieser Ver-
bindung: Würde der Partner nicht alles, notfalls sogar sein
Leben, für ihn geben? Und etwas anderes als dieses dumpfe Wohlbehagen kann er sich unter Liebe nicht vorstellen.

Was einem Intelligenten auch mit aller Berechnung niemals gelingen könnte – der Dumme tut es automatisch. Ihm geht es ja beim Lieben niemals um das Beseitigen irgendwelcher Ängste. Wenn man Dummheit nicht als Ignoranz, sondern nach der hier verwendeten Definition als Mangel an Vorstellungskraft und Sensibilität sieht, fühlt der Dumme sich in seiner Freiheit ja sehr wohl. Er verfügt gar nicht über genügend Phantasie, um sich die Folgen seiner Taten auszumalen. Und auch der Gedanke an den Tod wird ihn nicht schrecken: Er kann sich nicht vorstellen, daß es ihn selbst eines Tages nicht mehr geben soll. Doch davon sprachen wir bereits.

Nach dem Sinn des Lebens wird er sich sowieso nicht fragen: Seine Handlungen erhalten in der Erfüllung seiner Komfortgelüste einen unmittelbaren Sinn, und der genügt ihm. Das Religionsbedürfnis der Intelligenten ist ihm also fremd. Sollte es trotzdem einmal auftreten, befriedigt er es umgehend an sich selber: Es liegt im Charakter des Dummen, daß er imstande ist, die eigene Person hemmungslos zu bewundern. Notfalls ist er einfach sein eigenes Idol.

Natürlich kann das nicht heißen, daß in unseren Gotteshäusern ausschließlich intelligente Leute verkehren. Auch der Dumme geht in seine Kirche. Doch sucht er dort weniger den Schutz des (unsichtbaren) Hirten als den der (sichtbaren) Schafe. Er weiß, daß es von Vorteil ist, zu einer möglichst großen Herde zu gehören. Und damit die anderen begreifen, daß man einer der ihren ist, müssen sie einen möglichst häufig bei der gleichen Beschäftigung sehen.

Aber auch mit den Glaubensinhalten hat der Dumme kein Problem. Einem gescheiten Menschen würde es beinah noch leichter fallen, an die Existenz des Ungeheuers von Loch Ness zu glauben als an die eines überirdischen Wesens. Doch wenn er seine Angst beschwichtigen will, muß er es trotzdem mit letzterem versuchen. Das Wort Gottes ist ihm dabei eher ein Hindernis: Solange er nicht zum Fanclub gehört, ist ihm die Bibel ein Einschüchterungsversuch voller poetischer Widersprüche. Auf die berühmte einsame Insel ginge er jedenfalls lieber mit »Moby Dick« als mit dem Werk des gepriesenen Autorenkollektivs. Und dennoch muß gerade er dann oft in letzterem seine Richtlinien finden.

Der Dumme hat mit alldem keine Schwierigkeiten: Aber natürlich werden die Ersten die Letzten sein, warum auch nicht? Selbstverständlich wird einem dieser Herrgott eines fernen Tages die Pforten seines Paradieses öffnen. Denn erstens hat man ja jahrelang zu ihm gebetet, und zweitens hat er es uns auch noch schriftlich gegeben.

Mit anderen Worten: Der Beschränkte erfüllt beim Beten eine Pflicht, der Gescheite befriedigt ein Bedürfnis. Der Beschränkte glaubt, weil er es nicht besser weiß, der Gescheite glaubt wider sein besseres Wissen... Nach dem traditionellen Intelligenzbegriff wäre Religion tatsächlich »etwas für die Dummen«, wie es so gerne heißt. Erst wenn man der hier verwendeten Definition folgt, kann es überhaupt *intelligente* religiöse Menschen geben: Je größer die Phantasie, desto schrecklicher die Angst und desto stärker die Notwendigkeit, den Strohhalm zum rettenden Balken zu idealisieren.

Und die gleiche souveräne Haltung bringt der Dumme dann auch in die Privatreligion Liebe ein. Während es dem Intelligenten vielleicht mit äußerster Willenskraft gelingt, die Kapitulationserklärung der geliebten Person nicht zu erwidern, besteht beim Beschränkten geringe Gefahr, daß das geschieht. Ihm kann ein anderer Mensch *gefallen*. Er kann ihm sogar sehr gefallen. Doch *anbeten* wird er ihn höchstens, weil er das im Kino gesehen hat: »Aha, so redet also ein Verliebter? Muß ich mir merken!« Er ist insofern tatsächlich »göttlich« und für die Gebete des anderen wie geschaffen.

Gerade die erfolgsverwöhnten unter den Intelligenten, diejenigen, die auf ihresgleichen den größten Eindruck machen und deshalb auch gezwungen sind, am häufigsten ihre Partner auszuwechseln (stets kommen von der anderen Seite zu bald zu viele Kapitulationserklärungen), sind dazu ausersehen, zur glücklichen Beute eines Beschränkten zu werden. Dessen Zurückhaltung treibt den Intelligenten zum Wahnsinn: Was ist los, fragen sich Don Juan und Doña Juana, daß ich (der ich sonst allen gefalle) gerade auf diesen da (der doch eigentlich gar nichts Besonderes ist) keinen Eindruck mache? Was muß ich tun, damit er mich zur Kenntnis nimmt? Wie muß ich werden, um seine Liebe zu verdienen?

Fragen wir uns nicht immer wieder einmal, warum dieser oder jener bewunderte Künstler oder Intellektuelle, der doch wohl jeden zum Partner haben könnte, ausgerechnet für diesen Langweiler da entbrannte? Über welche geheimnisvollen Vorzüge muß dieser Mensch verfügen, daß er solche Leidenschaften in ihm entfesseln konnte? Ist es vielleicht das Bett? Und wenn ja: Was hat er da den anderen voraus?

In Wahrheit wird dessen Geheimnis meist in seiner Dummheit gelegen haben. Für den Zauber, den der Umschwärmte auf seine Umwelt ausübt, ist er ganz einfach unempfänglich gewesen: Seine Vorstellungskraft war nicht stark genug, um ihm die Vorzüge eines Lebens mit einem so aufregenden Menschen auszumalen. Er hat daher in aller Seelenruhe abgewartet und gerade dadurch den anderen immer weiter in einen Zustand der Unsicherheit und des Verlangens manövriert: Kein Zweifel, dies muß die große Liebe sein! Denn so viel hat er noch nie für jemanden empfunden!

Falls jener Phantasielose ihn in diesem Stadium fallenläßt und einen anderen nimmt oder sich gar entscheidet, hinfort allein zu bleiben – seine Freiheit stört ihn ja nicht –, dann hat der Intelligente nicht nur die große, sondern sogar die einzige Liebe seines Lebens gefunden: Ja, in diesem und keinem anderen Club wollte er Mitglied werden – doch sie haben ihn ja nicht hineingelassen!

Wenn er später behauptet, daß seinerzeit sein Herz brach, ist das in keiner Weise übertrieben. In wessen Armen er hinfort auch liegen mag, er wird sich immer nach jenem einen, dem Beschränkten, sehnen. Demjenigen seiner Götter, der ihn *nicht* erhörte.

So sind gerade in der Liebe Gescheite und Beschränkte auf fatale Weise füreinander programmiert. Der mit der Phantasie sucht einen, dem er dienen darf, und der Phantasielose einen, der ihm dient. Und je weniger er jenen dabei durch die eigene Verehrung um die Initiative bringt, desto andauernder und freudiger steht ihm der andere als Dienstleistungsbetrieb zur Verfügung.

Natürlich ist es schon von Vorteil, wenn ein Dummer über ein paar Attribute verfügt, die dem Gottsucher den

Einstieg in die neue Religion erleichtern. Physische Attraktivität zum Beispiel ist zwar nicht Voraussetzung, doch schaden kann sie sowenig wie Bildung. Zu seinem Glück hat der Dumme ja selten das Bedürfnis, sich dem anderen zu erklären – ein »Gott« will niemanden beeindrucken –, doch wenn er redet, sollte es aus einigermaßen anmutigem Munde kommen und nicht allzu hinterwäldlerisch klingen. Dummheit steht der Aneignung von Bildung ja keinesfalls im Wege, und ein Universitätsdiplom ist hier sowieso nicht nötig.

Es ist ein verbreitetes Vorurteil, daß Dumme immer nur das Dümmste reden: Dummheit hält sich an gar keine Regeln. Wegen ihrer Vorstellungskraft sind Phantasievolle gezwungen, auch im Abstrakten mehr oder weniger konsequent zu denken: Das Risiko der negativen Folgen einer bestimmten Handlung wird dadurch wenigstens etwas kleiner. Da die Phantasielosen sich nicht fürchten, haben sie auch keinen Grund, das abstrakte Denken zu trainieren. Ihre Schlußfolgerungen werden daher auch von keinerlei erkennbaren Gesetzmäßigkeiten bestimmt.

Die Reaktionen des Gescheiten sind deshalb für seinesgleichen voraussehbar und kalkulierbar, die des Dummen hingegen bleiben unergründlich, und daher ist er auch immer wieder für eine Überraschung gut. Zuweilen wird er (aus Zufall oder weil er es irgendwo gelesen hat) etwas Gescheites sagen, dann wieder (aus Veranlagung) etwas abgrundtief Blödes. Und sein Anbeter wird ersteres freudig zur Kenntnis nehmen – nein, auf den Kopf gefallen ist dieser neue Gott wahrhaftig nicht! – und letzteres großzügig überhören. Was der Angebetete in der Konversation vermissen läßt, kompensiert er schließlich durch die Art, wie er es sagt: Unsicherheit gehört ja nicht zu den Schwächen des Beschränkten. Sein gescheiter Partner, der auf dieser Welt keine, aber auch gar keine Wahrheit für endgültig hält – und daher meist auch keine »eigene Meinung« hat –, wird ihn darob bestaunen.

Falls dann zu alledem noch ein wenig Schönheit kommt, ist das Komplott perfekt. Schönheit, sagt man, gebe einen Vorsprung von vierzehn Tagen – und will uns damit bedeuten, wie unwichtig dieser Vorzug sei. Doch gerade auf diese vierzehn Tage kommt es bei der Eroberung eines intelligenten Menschen unter Umständen an. Wegen seiner sonstigen Eigenschaften ist ja auch die Empfänglichkeit fürs Ästhetische bei ihm ausgeprägter als bei anderen Leuten. Sobald dieses Anfangsstadium vorbei ist, wird er von sich aus alles tun, um den geliebten Menschen vor Entlarvung zu bewahren. Er braucht ja diese(n) Heilige(n) – was könnte eine Ernüchterung ihm bringen?

Die Paarung Dummheit plus Schönheit muß in der Praxis etwa so häufig vorkommen, wie böse Zungen dies schon immer meinten: Da schöne Menschen weniger kämpfen müssen – zum Beachtetwerden genügt meist die bloße Anwesenheit –, besteht bei ihnen auch weniger Grund zum Ausbau des geistigen Waffenarsenals. Jedenfalls ist es sehr viel wahrscheinlicher, daß ein Schöner beschränkt ist als gescheit. Doch davon mehr im dritten Teil dieses Buches.

Dies kann dann wiederum nicht ohne positive Auswirkungen auf seine erotische Ausstrahlung bleiben. Die Fragen, die der Dumme sich schon am hellichten Tag nicht stellt, wird er sich erst recht des Nachts ersparen. Da er für das Gewaltige des Liebesaktes – man kann dabei immerhin Menschen machen – kein Empfinden hat, bleibt er zum

Zeitpunkt der tätigen Nächstenliebe genauso gelassen wie zu jedem anderen: Sex ist Sex und auf jeden Fall kein Grund, sich aufzuregen.

Die Aufregung seines alles mystifizierenden Partners muß das logischerweise noch steigern. Die lustvolle Passivität, mit der sein wohlproportionierter Gott sich auch im Bett von ihm verwöhnen läßt, hat er ohnehin längst in »animalische Sinnlichkeit« umbenannt.

Solange sie nicht erwidert wird, sind die Segnungen der Liebe also mannigfaltig. Was immer man auch sagt: Außer dem alsbaldigen Ende unserer Leidenschaft – und der natürlich nicht ganz unwichtigen Befriedigung unseres sexuellen Verlangens – bringt uns die schnelle Eroberung nichts. Hingegen kann es dort, wo ein wahrhaft Gescheiter auf einen wirklich Beschränkten trifft, unter Umständen zehn Jahre dauern, bis es dem Gescheiten dämmert, wie lächerlich er sich macht. »Wenn man bedenkt, daß ich Jahre meines Lebens vergeudete, daß ich sterben wollte, daß ich meine allergrößte Liebe empfand für eine Frau, die mir nicht gefiel, die nicht einmal mein Typ war«, läßt Marcel Proust seinen Helden am Ende des Romans »Eine Liebe von Swann« sinnieren. Doch waren es wirklich vergeudete Jahre? Welche andere als die dümmliche Odette hätte ihm Vergleichbares bieten können?

Aus Erfahrung weiß ich, daß man über die Segnungen der unerwiderten Liebe besser nicht redet. Schon gar nicht sollte man erwähnen, daß es am besten läuft, wenn man sich für einen der Beschränkteren entscheidet. »Zynismus« lautet der geringste der Vorwürfe, die einen bei einer Erörterung dieses Tabus erwarten. Vor allem von seiten der Jüngeren, die ja so heiratswütig sind wie eh und je. Oder von denen mit den toten Ehen. Oder von all denen, die sich damit abgefunden haben, ihre langjährige Freundschaft als Liebe zu bezeichnen. Freilich ist da nicht mehr die Aufregung des Anfangs – die Liebe eines Paares verwandele sich eben im Laufe der Jahre... (In Freundschaft eben. Doch warum darf man das nicht sagen? Sie sind doch sonst so stolz darauf, daß sie Freunde haben?)

Wo die Liebe erwidert wird und darum früher oder später – zumindest bei einem der beiden – sterben muß, bleibt der Vorteil, daß man sich (zumindest in jenen Ländern, in denen der Staat sich endlich aus den Klauen der Kirche befreit hat) auf die Suche nach dem nächsten Gott begeben kann. Dennoch ist es üblich, den Anstieg der Scheidungsziffern als Katastrophe zu beklagen. Auf keinen Fall sollte man dieses Phänomen als das bezeichnen, was es ist – als erfreuliche Entwicklung. Bedeutet Scheidung doch in der Regel, daß zumindest einer der Partner eine neue Liebe gefunden hat. Da jammern alle, es gäbe zuwenig Liebe auf dieser Welt, und dann gibt es auf einmal mehr davon, und dieses Mehr ist sogar statistisch nachzuweisen, und wieder ist es nicht recht.

Die Jagd nach der Religion Liebe ist eine verzwickte Sache, bei der, wenn man es langfristig betrachtet, die meisten von uns leer ausgehen. Und diese Mehrheit tut dann alles, um der Minderheit derer, die nicht aufgeben, die Freude zu verderben. »Sie sollten endlich zur Vernunft kommen, mein Lieber (meine Liebe): Wenn Sie so weitermachen, gehen Sie einem einsamen Alter entgegen!« Als ob ein Alter, in dem man – wenn auch oft vergeblich – auf die letzte große Liebe wartet, nicht mindestens so aufregend wäre wie eines, in dem man zu zweit nur noch den Tod vor Augen hat. Den man ja dann trotzdem allein erleidet.

Und schließlich darf man natürlich auch nicht vergessen, welch ungeheuren Beitrag wir anderen, die mit den mal glücklichen, mal unglücklichen Liebesgeschichten, zur täglichen Unterhaltung der Treuen leisten. Wo wäre die brave Hausfrau ohne all das Rohmaterial zu Filmdrehbüchern, Fernsehserien, Romanen, Theaterstücken, das wir ihr durch unseren unstillbaren Hunger nach der großen Leidenschaft verschaffen? Müßte sie ohne all unsere Ehebrüche, Scheidungsdramen, Liebesqualen, Selbstmordversuche, Neuanfänge nicht vor lauter Langeweile ihren eigenen Gatten hintergehen? Ist nicht seit jeher der Liebesfilm der Seitensprung der Vorsichtigen gewesen, der Liebesroman die Romanze der Vernünftigen?

Sind wir anderen, die Unvorsichtigen, Unvernünftigen, also vielleicht für die Gesellschaft gar nicht so unnütz oder gar schädlich, wie wir meinen? Vielleicht sind die mit den soliden Ehen ein bißchen besser für die Aufzucht von Kindern geeignet (ihrer eigenen allerdings nur, denn bei den unsrigen tun sie alles, um ihnen das Gefühl zu geben, daß ihnen etwas fehlt). Doch wie lange hielten sie es in ihren geordneten Verhältnissen aus, wenn wir übrigen nicht für ein bißchen Abwechslung sorgten?

DIE WELT GEHÖRT
DEN BESCHRÄNKTEN

Bis vor einigen Jahren dachte ich, es gäbe gefährliche und ungefährliche Religionen, gefährliche und ungefährliche Ideologien. So schrieb ich einmal: »Der Wert eines Gläubigen kann sich äußern in Aktivität oder Passivität, Folterung oder Selbstkasteiung, Erdulden oder Bekämpfen, Toleranz oder Intoleranz... Und es ist klar, daß ein System, das sich zum Beispiel Barmherzigkeit und Nächstenliebe auf die Fahne geschrieben hat, niemals schon von vornherein so gefährlich sein kann wie eines, das seinen Anhängern Härte und Haß gegen Andersdenkende predigt. Gerade diesen Mechanismus hat sich ja der Mensch Christus zunutze gemacht, als er seinerzeit ein System des Mitleids gegen das der Mitleidlosigkeit setzte.«

Diese Ansicht war falsch. Heute bin ich der Meinung, daß die einzige ungefährliche Religion die Liebe ist, weil hier in der Regel nur einer zu einem betet. Wenn jemand auf der Strecke bleibt, kann es daher nur ein einziger sein. Die im allgemeinen Sprachgebrauch als Religionen bezeichneten Bewegungen sind alle gefährlich, weil es hier viele sind, die zu einem beten. Und dasselbe gilt für die Ersatzreligionen, die Ideologien. Gleichgültig, wie hoch die Ideale waren, die ihre Begründer seinerzeit motivierten: In den Händen ihrer Nachfolger degeneriert jede Religion und jede Ideologie früher oder später zu einem bloßen Machtinstrument. Die Kriminalgeschichte der christlichen Kirche, die Gegenwart der katholischen mit ihrem Verbot der Empfängnisverhütung, das für das Elend ganzer Völker verantwortlich ist, zeigt uns in aller Deutlichkeit, wie sogar die Lehre von der Barmherzigkeit von einem machtgierigen Klerus entstellt und mißbraucht werden kann. Und hat es je eine würdigere Ideologie gegeben als die des Karl Marx: Der Vorschlag zum geschwisterlichen Teilen, das (im Gegensatz zum Christentum) nicht mit dem ewigen Leben belohnt wird – die Lehre von der Menschlichkeit um der Menschlichkeit willen? Und was ist im Lauf von nur wenigen Jahrzehnten daraus entstanden? Wie konnte auf einen wie Marx einer wie Stalin folgen?

Wie kommt es zu dieser zuverlässigen Entwicklung zum denkbar Schlimmsten? Wie ist es möglich, daß jede Massenbewegung, wie hehr ihre Prinzipien auch waren, mit absoluter Regelmäßigkeit mit Folterkabinetten und der Ausrottung Andersdenkender endet?

Wie wir sahen, basiert diese Entwicklung auf der Lust der Intelligenten an der Unfreiheit, die nach der hier verwendeten Definition die Phantasievollen, Sensiblen sind. Sie entsteht aus der Zwangsläufigkeit, mit der diese das eigene Denken und Fühlen einstellen, sobald sie sich unter die Fittiche eines Ideologen begeben, und aus der Unabwendbarkeit, mit der in jedem System früher oder später die Phantasielosen, Unsensiblen – die Dummen – das Kommando übernehmen. Menschen also, die weder eigene Gedanken noch wirkliche Gefühle haben.

Daß ausgerechnet die Dümmsten ganz oben sitzen, wollen nur jene nicht wahrhaben, die eben dort sitzen und darum selbstverständlich der Meinung sind, sie hätten ihren unaufhaltsamen Aufstieg ihrer Intelligenz zu verdanken. Beim

Rest der Bevölkerung rennt man mit einer solchen Weisheit offene Türen ein. Seine Politiker hält so gut wie jeder für mehr oder weniger beschränkt – für die wenigen Ausnahmen unter ihnen halten wir die Bezeichnung Staatsmann bereit. Und keiner von uns glaubt noch, daß ein Reicher sein Vermögen seiner übergroßen Intelligenz verdankt. Gerissenheit ist alles, was wir ihm zugestehen, oder eine glückliche Hand beim Erben.

Der heikle Aspekt liegt hier also weniger im Anerkennen von Tatsachen als im Ignorieren der Qualitäten, die diesen Aufstieg der Phantasielosen, Unsensiblen ermöglichen und ihnen dann von dort oben Macht über Menschen verleihen, die zwar nicht immer, aber doch häufig sehr viel phantasievoller und sensibler sind als sie selbst. Welche Qualitäten sind das?

Damit einer in eine Position gelangt, von der aus er anderen sagen darf, was sie zu machen haben – »wo's langgeht« –, muß er neben der Begabung für eine bestimmte Tätigkeit, die natürlich die Grundlage für alles andere ist, zunächst einmal über die Eigenschaften des Aufsteigers und später dann über die des Anführers verfügen. Im großen und ganzen handelt es sich dabei um Fleiß, Gehorsam, Konsequenz, Begeisterungsfähigkeit, Zielstrebigkeit, Selbstvertrauen, Risikofreude und das letztlich gar nicht so selbstverständliche Verlangen, anderen Leuten überhaupt sagen zu wollen, was sie tun und lassen müssen: die Freude am Befehlen, der Wille zur Macht.

Wir sind es gewöhnt, diese Eigenschaften positiv zu sehen. Da die meisten Eltern wünschen, daß ihre Kinder es zu etwas bringen – zu Status, Wohlstand oder beidem –, preist man sie uns von Anfang an als Ideal. Doch ist es bei genauer Betrachtung nicht eine besonders gut getarnte Begrenztheit, die einen Menschen nach oben katapultiert? Sind die Qualitäten, auf die sich eine glanzvolle Berufskarriere stützt, so bewundernswert, wie man uns glauben läßt? Wissen ist Macht, sagten unsere Lehrer. In einen hohlen Kopf geht viel Wissen, hat später Karl Kraus ergänzt.

Doch im Grunde sind es die Lehrer, denen wir nach wie vor die Stange halten. Wir sagen, daß da oben die Dummen sitzen, weil der Zustand unserer Welt es uns täglich vor Augen führt. Doch wir sagen es gegen unsere innerste Überzeugung. Denn eigentlich hat dieser Mensch ja schon etwas leisten müssen, um es zum Staatsoberhaupt zu bringen; mit ein bißchen Rhetorik ist es bei einem solchen Posten nicht getan. Und seinen Terminkalender möchte man auch nicht haben.

In einem früheren Essay habe ich versucht zu zeigen, was die berühmten Aufsteigerqualitäten – abgesehen von den positiven Aspekten, die wir aus unserer Erziehung heraus darin sehen – zusätzlich bedeuten:

Gehorsam – vom Befehlenden heute »Befähigung zur Teamarbeit« genannt – bedeutet auch, daß einer imstande ist, eigene Ideen in den Hintergrund zu stellen. Und ist es nicht einfacher, wenn er gar keine hat?

Die *Konsequenz*, die nötig ist, um auf einem bestimmten Gebiet der Erste zu werden, bedeutet auch, daß man wiederholt, übt, trainiert, jahrelang, bis zur Erschöpfung. Und tut man sich dabei nicht leichter, wenn man sich gar nicht ausmalen kann, wie aufregend etwas Neues wäre?

Muß *Zielstrebigkeit* – die Gewißheit, daß man schon dort ankommen werde, wo man hin will – nicht aus Mangel an Vorstellungsvermögen für die Bestrebungen und Talente anderer entstehen? Natürlich, einer der tausend oder Millionen Menschen, die gleichzeitig an die Spitze drängen, erreicht sie am Ende. Jawohl, sagt er, er habe schon als ganz junger Mensch gewußt, daß er es schaffen werde. Man müsse etwas nur wirklich wollen – das sehe man doch an ihm! Doch für seine Phantasie spricht das nicht.

Ist *Selbstvertrauen, Selbstbewußtsein* – das Gefühl, daß man für eine bestimmte Aufgabe der Beste sei, und der damit verbundene Wunsch, für all die weniger guten »Verantwortung zu tragen« – tatsächlich ein Intelligenzbeweis? Es ist verständlich, wenn uns ein anderer vertraut – von unseren sorgfältig kaschierten Schwächen kann er ja meist nichts ahnen. Es ist natürlich, wenn wir einem anderen vertrauen. Da wir nicht in ihn hineinsehen können, wissen wir auch wenig von seinen Abgründen. Doch Vertrauen in uns selbst?

Und *Mut, Risikofreude*, sind das nicht Tugenden, die einem am leichtesten fallen, wenn man sich der Gefahren einer bestimmten Unternehmung gar nicht bewußt wird? Wenn man nicht in der Lage ist, sich die Katastrophe auszumalen, die man mit seiner Entscheidung unter Umständen heraufbeschwört? Wenn man sich gar nicht fürchten *kann*?

Der Spitzensportler ist ein Karrierist, der alle diese Qualitäten in Reinkultur besitzt. Diese Selbstdisziplin, denkt der sensible Daheimgebliebene in seinem Fernsehsessel, wieviel hartes Training steckt dahinter, bis einer den Ball auf diese souveräne Art abzufangen weiß: Der Bursche muß seine Kindheit, seine ganze Jugend dafür geopfert haben. Der Mut, mit dem dieser Wahnsinnige über die vereiste Piste rast – eine falsche Bewegung, und er bricht sich das Genick. Die Waghalsigkeit, mit der jener Soundso wieder einmal die Kurven schneidet – eine winzige Fehlkalkulation, und er kann seinen Porsche gegen einen Rollstuhl tauschen.

Denn er, der Zuschauer, wird davon ausgehen, sein Sportsmann sei so phantasievoll wie er selber. Und da er sich nichts Öderes vorstellen kann, als bis zur Erschöpfung daran zu arbeiten, daß er irgendwann einmal den Bruchteil einer Sekunde schneller schwimmen, rennen, reiten, Fahrrad oder Auto fahren kann als ein bestimmter anderer Mensch, bewundert er seinen Helden wegen der Disziplin, mit der er solche Qualen auf sich genommen hat. Für nichts als eine Goldmedaille, man stelle sich vor: Was würde der erst auf entscheidenden Gebieten leisten!

Da er selbst sich vor dem Sterben fürchtet und auch imstande ist, sich ein Leben im Rollstuhl in allen seinen demütigenden Einzelheiten auszumalen, glaubt er, sein Formel-I-Favorit empfände die gleiche Angst, und beneidet ihn um die Courage, mit der er sie überwindet. Seine Gesundheit, sein Leben aufs Spiel setzen – für nichts als einen Pokal! Was würde ein solcher Mann erst für wichtige Ziele wagen!

Und wenn sein Champion nach vollbrachter Leistung vor die Fernsehkameras tritt und – noch etwas atemlos zwar, aber doch gelassen – mit klaren, bescheidenen Sätzen den Millionen Zuschauern seine Strategie, seine Fehler und Stärken in diesem Wettbewerb erläutert, bewundert er ihn nur noch mehr: Einmal, nur ein einziges Mal in seinem Leben möchte er so cool sein wie jener!

Unerfüllbarer Wunsch. Er wird sich vielleicht ein Trikot mit drei Streifen kaufen, den von ihm empfohlenen Schläger anschaffen, seine Skier, seinen Wagen, um etwas vom Glanz seines Idols auf sich umzulenken. Doch für dessen tägliche Routine hat er zuwenig Unverstand.

Wie auch immer, der Weltrekordler ist ein ungefährlicher Held. Sein Körper ist zugleich Kapital und Begrenzung, und sein Glanz erstrahlt nur so lange, bis ihm ein Jüngerer die Krone wieder abjagt. Ein Sportsmann will wohl meist viel Geld verdienen, Macht will er keine. Sonst hätte er ja seinen Kraftakt von vornherein einer anderen Disziplin gewidmet. Und vielleicht ist es letzten Endes das, was ihn uns so sympathisch macht: daß ihm seine große Anstrengung im Vergleich zu dem, was er damit wirklich erreichen könnte, wenig einbringt.

Gefährlich wird es, wenn einer die Energien, die ein Sportler ins Radfahren, Ballspielen, Skilaufen und Springreiten steckt, ins Händeschütteln, Redenhalten, Aktenlesen, Profitberechnen, Truppendrillen oder Wahrheitpredigen investiert. Denn wenn er Glück hat und wir Pech, verhelfen ihm dieselben Qualitäten, die den Sportsmann für ein paar kurze Augenblicke an die Spitze brachten, zu einer Machtposition, in der er sich dann – als Minister, Richter, Kardinal – ein halbes Jahrhundert hält. Eine Stellung, die dem, der in unser aller Interesse eigentlich dorthin gehörte – dem Phantasievollen, Feinfühligen –, meist auf immer verschlossen bleibt: Gerade aufgrund der hervorragenden Eigenschaften, die wir hier unter dem Begriff Intelligenz zusammenfassen, schafft er diesen Aufstieg – in der Regel – eben nicht.

Denn wer zum Beispiel seine demokratische Pflicht zu

politischer Informiertheit ernst nimmt, zuweilen Partei-veranstaltungen besucht, in seiner Zeitung die Interviews der Kandidaten liest oder deren Aktivitäten auf dem Bild-schirm verfolgt, wird sich wohl auch fragen, wie diese Männer und Frauen das alles durchstehen. Wie bringt ein Mensch es fertig, jahrzehntelang in allen diesen Phrasen zu schwimmen und all diese Gemeinplätze im Mund zu führen? Wie stellt er es an, das stets wechselnde Partei-programm mit ewig gleicher Inbrunst zu verteidigen? Wie erträgt er es, in Wahlzeiten all diese Versprechungen ab-zugeben, von denen er doch weiß, daß er sie niemals halten kann? Wieso ist einem Partei- oder Gewerkschafts-politiker – in der Regel – keine Weltanschauung zu abwe-gig, wenn er glaubt, damit die Meinung potentieller An-hänger zu treffen? Warum ist ihm – in der Regel – keine Attitüde zu grotesk, wenn er annimmt, dadurch volksnah zu erscheinen?

Da verbrüdern sich besten Kreisen entstammende Her-ren mit rußverschmierten Kumpels, als hätten sie ein Le-ben lang von nichts anderem geträumt als von der Freund-schaft dieser gestandenen Männer, und schmalbrüstige Bürokraten hofieren Fußballstars, als hinge von deren nächstem Treffer die Weltgeschichte ab. Da herzen ehrgei-zige Kandidatinnen Babys, als könnten sie sich nichts Herr-licheres denken als ein Kind, und schon am nächsten Tag beklagen sie die Entbehrungen der Mütter, als bekämen diese dafür keine Kinder – als bekämen sie nichts. Wer zu den Alten spricht, betont, was man von ihnen alles lernen könne, wer sich an Junge wendet, sagt, wie man sich an ihnen ein Beispiel nehmen müsse. Wer zu Unternehmern redet, bedauert die Unersättlichkeit der Lohnempfänger, und schon bei der nächsten Ansprache werden diese dann auf die Profitgier ihrer Bosse hingewiesen.

Und auf geht's zum nächsten Happening, wo das Ganze von vorn beginnt: Händeschütteln, Schulterklopfen, Freundschaftschließen, Fragen stellen, auf die keiner eine Antwort gibt, Antworten geben, nach denen keiner gefragt hat. Und das alles im Sechzehn-Stunden-Takt, an jedem Tag der Woche: Denn natürlich buhlt man um die Stimmen der Werktätigen zweckmäßiger nach Feierabend, als wenn sie in ihren Fabriken sind.

Wie kommt es, fragt sich der nachdenkliche Bürger, daß alle diese Herren und Damen einem Lebensstil huldigen, den er selbst auf keinen Fall freiwillig auf sich nähme? Sind Volksvertreter so selbstlos, daß sie – immer mit dem heiligen Ziel, die Welt vor einem Abgrund zurückzuhalten – ihren Verstand und ihren Geschmack unter den Scheffel stellen? Oder haben sie in dieser Hinsicht sowieso nichts zu verbergen? Verleugnen sie ihr eigentliches Niveau zum Wohl des Volkes? Oder ist das, was sie einem zeigen, bereits alles, was sie zu zeigen haben? Ist ihre aufreibende Tätigkeit daran schuld, daß sie deren Banalität gar nicht mehr bemerken? Oder ist Banalität Voraussetzung dafür, daß man sich eine solche überhaupt aussucht? Ist das Volk so dumm, wie jene, die es regieren möchten, anzunehmen scheinen? Oder sind diese so dumm, daß sie nicht merken, daß das Volk gescheiter ist? Werden sie, die es schließlich schaffen, gewählt, weil keine Besseren da sind? Oder sind keine Besseren da, weil sie angesichts der Beschränktheit der Wählermassen sowieso keine Chance hätten?

Besteht die Meinungsbildung im demokratischen System darin, daß sich der Kandidat die Meinung des Wählers bildet? Und wenn nicht: Wie käme er zu einer eigenen? Wann soll er denken, wenn er seine Tage und Nächte auf Sitzungen und Versammlungen verbringt? Wie sollte er Modelle für die Zukunft seines Landes entwerfen, wenn er nicht einmal Zeit hat, sich dessen Gegenwart anzusehen? Warum soll er Gefühle in sich wachsen lassen, wenn er sie nachher doch unterdrücken muß? Und falls er zu Beginn seiner Laufbahn über Phantasie verfügte, muß er sie dann nicht ersticken, weil sie ihm bei deren Fortgang doch nur lästig ist?

Und da in Demokratien nicht nur die kleinen und mittleren, sondern auch die großen politischen Karrieren – in der Regel – auf diesem langen Marsch durch die Institutionen zustande kommen, da aus den hartgesottensten, unermüdlichsten und leutseligsten Händeschüttlern, Schulterklopfern, Phrasendreschern und Sitzungssitzern nach Jahren und Jahrzehnten schließlich Abgeordnete, Staatssekretäre, Minister, Premiers und Präsidenten werden, muß man sich fragen: Ist Politik die Herrschaft des Groben über das Feine, der Dickfelligkeit über das Zartgefühl, des Banalen über das Besondere, des Geheuchelten über das Echte, der Geistlosigkeit über den Geist?

Liegt in demokratischen Ländern – in den anderen ja ohnehin – das Geschick der Bürger in den Händen derer, die weder Vorstellungskraft noch Feingefühl besitzen, weil sie andernfalls diesen jahrzehntelangen Raubbau an ihrer Person kaum überstanden hätten?

Können jene, die so beflissen darum buhlen, für uns Verantwortung zu übernehmen, sich vielleicht nicht einmal mehr vorstellen, was dieses Wort bedeutet?

Sind die, die uns den Frieden garantieren sollen, am Ende ihres Weges nicht längst zu phantasielos, um sich einen Krieg in allen seinen Konsequenzen vorzustellen?

Mit anderen Worten: Sind wir mit unserem politischen Schicksal einer Macht ausgeliefert, die letztlich nichts anderes als die der Dummheit ist? Und wenn ja, warum schütteln wir sie nicht ab? Warum schicken wir den Beschränkten nicht in die Wüste und wählen einen Intelligenten auf seinen Posten?

Wir tun es nicht aus Mangel an Bewerbern. In einer ausschließlich von intelligenten Menschen bewohnten Welt würde man jedesmal erschrecken, wenn ein hohes Amt zu besetzen wäre. Gerade wegen seiner hervorragenden Qualitäten ist ein Intelligenter zum Herrschen denkbar ungeeignet – im Rennen um die Macht gibt er schon auf, ehe es richtig begonnen hat. Doch ist es wirklich seine Intelligenz, die ihm die Macht verleidet – ist dies das richtige Wort für seine Schwäche?

Es ist das richtige Wort. Der Intelligente wird wohl genauso häufig wie der Dumme über besondere Talente für bestimmte Tätigkeiten verfügen. Doch es fehlt ihm sowohl an Aufsteiger- als auch an Führungsqualitäten. Und ohne diese hat beim Karrieremachen das größte Talent keinen Wert.

Da ihre Interessen breit gefächert und schwerer hintanzustellen sind als die des Dummen, fehlt es einer intelligenten Person oft an Fleiß, Ausdauer und Begeisterungsfähigkeit, um eine jahrzehntelange Spezialisierung durchzustehen. Sie ist tatsächlich auch die schlechtere Fachkraft und steht schon aus diesem Grund viel seltener zur Wahl.

91

Dazu kommt ein Handicap beim Gehorchen und Befehlen: Der Intelligente kann nur gehorchen, solange er die Kompetenz des Befehlenden voraussetzen darf – solange er an ihn glauben kann. Da seine Emotionen tiefer gehen und damit auch schwerer zu beherrschen sind, fehlt ihm während des Aufstiegs die unentbehrliche Fähigkeit, auch stupiden Anweisungen seiner Vorgesetzten freundlich und ohne Widerspruch zu folgen. Er wird ihnen daher im seltensten Fall so sympathisch bleiben, wie es einer stetigen Beförderung dienlich wäre.

Und falls er trotz aller dieser Mängel an die Spitze kommt, wird es ihm – da er sich aufgrund seiner Phantasie in die von ihm Abhängigen hineindenken kann – große Schwierigkeiten bereiten, unpopuläre Anweisungen zu erteilen und auf ihrer strikten Erfüllung zu bestehen. Ein sensibler Vorgesetzter wird sich zum Beispiel lieber selbst an die Schreibmaschine setzen, ehe er den Feierabend seiner Sekretärin durch Überstunden ruiniert. Anstatt seine Vertreter mit einem mittelmäßigen Produkt zum Kampf um Marktanteile anzutreiben, wird er eher dazu neigen, sich bei ihnen für diese Zumutung zu entschuldigen. Er besitzt also auch im nicht fachgebundenen Bereich eine geringe Autorität – und somit schlechtere Erfolgschancen – als der Beschränkte. Wer anderen keine Grube gräbt, fällt selbst hinein, hat Karl Kraus auch hier vereinfacht.

Und auch um seine Risikofreude ist es weniger gut bestellt. Ein phantasievoller Mensch ist notgedrungen immer auch feiger als jemand mit weniger Vorstellungskraft: Die durch seine Entscheidung möglicherweise ausgelöste Katastrophe stellt er sich vor, ob er es will oder nicht. Aufgrund seiner Phantasie ist er unter Umständen bereit,

Gesundheit und Leben für einen anderen zu riskieren: Zusehen beim Foltern macht ihm mindestens soviel aus wie Gefoltertwerden. Kompliziert wird es, sobald er das Leben oder auch nur den Wohlstand dieses anderen für die eigene Sache aufs Spiel setzen soll: Und wenn er im Irrtum wäre, wenn die Aktion trotz sorgfältigster Berechnungen mißlingt? Wenn seine Strategie die Firma Arbeitsplätze kostet? Wenn auch nur ein Soldat bei diesem Einsatz sterben muß? Wer ist er, um solches Unglück zu riskieren? Das müßte doch einer entscheiden, der es besser weiß!

Diese Fähigkeit zur Selbstkritik und die daraus folgende Beeinträchtigung seines Selbstvertrauens wirkt sich bei einem eventuellen Kampf um die Spitze am negativsten aus. Einem Intelligenten wird es leichter fallen, einen Konkurrenten zu idealisieren als sich selbst. Da ein Mensch mit Phantasie sich alles vorstellen kann, außer der Phantasielosigkeit der meisten anderen Leute auf dieser Welt (Mangel an Vorstellungskraft ist unvorstellbar), wird er eher davon ausgehen, daß der, der sich da so selbstsicher um das verantwortungsvolle Amt bewirbt und seinen Wählern die Lösung aller Probleme verspricht, auch weiß, wie er sein Versprechen später einlöst. Nur unter dieser Bedingung wäre ja er selbst bereit, über das Schicksal fremder Leute zu bestimmen. Unter Umständen wird der Phantasievolle sogar zu dem selbstbewußten Rivalen überlaufen, statt zum Streiter zum Mitstreiter und statt zum Führer zum Anhänger werden. Bis er dann eines Tages den Glauben an ihn verliert – bis er begreift, was wirklich los war.

Der mangelnde Glaube an sich selbst und die sich daraus ergebende Anfälligkeit für den Glauben an andere ist die größte Schwäche des Intelligenten. Die mit Macht gekoppelte Freiheit, die ja letzten Endes der Zwang zur selbständigen Entscheidung ist, versetzt ihn in um so größere Angst, je höher er hinaufsteigt. Wenn er sich für etwas frei entscheidet, müssen ja auch die Folgen auf sein Konto gehen. Wie wir im Kapitel über die Liebe sahen, macht ihm das schon als Privatmann zu schaffen: Nichts wünscht er sich sehnlicher als einen gerechten, weisen, souveränen Gott, der ihm die Qual der Wahl wieder abnimmt. Wie erst, wenn er mit seiner Wahl nun plötzlich das Schicksal von Konzernen oder Staaten entscheidet?

Hier ist der Beschränkte eindeutig im Vorteil: Es liegt, wie gesagt, im Charakter des Dummen, daß er die eigene Person rückhaltlos bewundern kann. Für ihn ist es kein Problem, seine Qualitäten anzupreisen – seine Schwächen sieht er ja nicht. Während der Intelligente aufgrund seines Vorstellungsvermögens dazu neigt, Verantwortung in die Hände einer, real oder vermeintlich, höheren Instanz zu delegieren, ist der Dumme nur im alleroberflächlichsten Sinn ein ideologisch oder religiös gebundener Mensch. Er hat stets eine *eigene* Meinung und meint nur, was von unmittelbarstem Nutzen für ihn ist. Als Vorstand eines Konzerns, der Kernreaktoren fabriziert, ist er zum Beispiel überzeugt, mit seinem Produkt nichts als Segen über die Menschheit zu verteilen. Kein noch so großes Unglück kann ihn hier vom Gegenteil überzeugen: »Aber meine Herren, bleiben Sie doch sachlich! Bei unserem Fabrikat kann das auf keinen Fall passieren! Ich bin doch auch ein Familienvater! Würde ich meinem Nachwuchs einen verseuchten Globus hinterlassen?«

Der Intelligente wird unter Umständen auf der Suche nach Halt sein Leben lang von einer Religion zur nächsten eilen. Solange er nicht glaubt, treibt ihn die Beschränktheit derer, die sie predigen, immer wieder fort. Nicht so der Dumme: Falls er einer Religion anhängt, hat er sie von seinen Vätern übernommen, und solange sie ihn weiterbringt – ihn also zum Beispiel bei seinen Wählern oder Vorgesetzten glaub-würdig macht –, bleibt er ihr auch treu. Da ihn ethische Probleme ohnehin nicht groß bewegen und sein Gewissen von keinerlei »Sünde« belastet ist – ein Dummer hat keins –, wird ihm auch der Glaube selbst nicht lästig. Im Gegenteil – auf seinem Weg nach oben hat der liebe Gott die wichtige Rolle eines Entlastungszeugen: »Ich habe nur das Beste für euch gewollt und selbst mein Äußerstes gegeben«, ruft er den Überlebenden seiner Katastrophe zu. »Doch der Herr hat es in seiner ewigen Weisheit anders beschlossen. Darum lobet den Herrn. Und mir schenkt bitte bei der nächsten Wahl noch einmal euer Vertrauen!«

So ist der Dumme zum Predigen geboren, der Intelligente zum Beten verdammt. Zumindest solange, bis sich ihm die Beschränktheit seines Papstes offenbart. Und dann ist es oft zu spät.

Dummheit? Ist es wirklich Dummheit, die einen Menschen ganz nach oben bringt? Ist dies das richtige Wort für eine Stärke?

Es ist das richtige Wort. Natürlich gibt es unterschiedliche Reifegrade – nicht gerade die Allerdümmsten finden sich ganz oben auf dem Gipfel. Aber die Chance, dort einem wirklich phantasievollen Menschen zu begegnen, ist relativ gering.

Doch auch wer diese Wertskala nicht teilen mag und

95

eher meint, daß die Qualitäten eines Computers der Maßstab für die Intelligenz des Menschen sein und bleiben sollen, wird zugeben, daß man immer dann guten Gewissens von Dummheit sprechen kann, wenn Mächtige ihre Macht auf eine Weise gebrauchen, daß sie sich gegen ihr eigenes System und schließlich gegen sich selber wendet – wenn seine Beschränktheit nicht nur für andere, sondern auch für den Beschränkten selber tödlich wird.

Denn die Dummheit der Reichen und der Karrieristen kostet nicht nur die von ihnen Abhängigen das Leben – dies könnte man nach einer etwas perverseren als der hier verwendeten Definition ja noch als Intelligenzbeweis verbuchen –, sondern auch sie selbst. Dank dieser Beschränktheit ist die Geschichte unseres Planeten ein einziges Kriegsprotokoll, dank ihrer wird sie es bis an ihr Ende bleiben. Mit ihrem roboterhaften Raffen nach mehr – mehr Seelen, mehr Land, mehr Profit – haben sich die Mächtigen dieser Welt in Abständen immer wieder auch selber aufs Schafott geführt. Gelernt haben sie daraus nichts.

Damit kein Irrtum entsteht: Nicht die mangelnde Nächstenliebe der Eliten soll hier beklagt werden – phantasievoller Egoismus wäre die Eigenschaft, die uns und ihnen zum Glück verhülfe. Doch gerade daran wird es – in der Regel – fehlen. Und meist ist dann weit und breit kein F. D. Roosevelt zu finden, der ihnen einen New Deal aufdrängte.

Hätten die Herrschenden in der Vergangenheit über ein Minimum an Intelligenz verfügt, so wären sie schon im eigenen Interesse etwas vernünftiger mit ihren Untertanen umgesprungen. Nein, sie hetzten sie in immer blutigere

Eroberungskriege, dezimierten sie in immer grausameren Hungersnöten, folterten sie in Inquisitionsverfahren, verbrannten sie als Hexen, ruinierten sie durch Wucherzins und Ablaßzahlung, verschlissen sie in Bergwerken und Fabriken, verkauften sie als Arbeitssklaven, verbrannten sie in Rassengettos.

Und dabei machten sie dann stets so lange phantasielos weiter, bis es für sie nichts mehr zu holen und folglich auch für die Gegenseite nichts mehr zu verlieren gab. Bis der Hunger, das Elend, die Demütigung so groß waren, daß das Volk die Angst vor seinen Peinigern verlor und sich zusammenschloß: seine Könige unter die Guillotine brachte, seine Fürsten aus Burgen und Schlössern vertrieb, seinen Priestern den Ablaß, seinen Wucherern das Darlehen, seinen Grafen die Ernte schuldig blieb, seinen weißen Herren die schwarze Gratisarbeit strich, seinen Arbeitgebern die Fabrik bestreikte.

Und so verschwanden nach und nach die Monarchien, so wurden der Adel entmachtet, die Kirche reformiert, Sklaven befreit, Diktatoren verjagt, so wurden Politiker abwählbar gemacht, menschenwürdige Löhne und Arbeitszeiten ertrotzt, Geschlechterdiskriminierung eingeschränkt, Justiz öffentlich gemacht, so wurden in einem großen Teil der Welt sogar Grundbesitztümer enteignet, Banken verstaatlicht, Industrien in die Hände der Arbeiter gezwungen, rassistisch regierte Länder unter die Kontrolle der geächteten Rassen gebracht.

Die Folgen der Dummheit trafen eben nicht nur die Tausende oder Millionen Unterdrückter, die bei solchen Befreiungskämpfen regelmäßig auf der Strecke blieben, sondern auch Eliten, die sie ausgelöst hatten: Die Dummheit war besiegt, endlich schien die Macht der Phantasie zu gehören.

Nicht lange. In diesem Sieg der Intelligenz war auch bereits ihre Niederlage enthalten. Am Anfang jeder Initiative, die zur Entmachtung der Phantasielosigkeit führt – Revolution –, müssen notgedrungen phantasievolle Menschen – Revolutionäre – stehen. Nur sie können sich ja in die Geächteten hineindenken. Nur sie haben genügend Vorstellungskraft, um sich etwa durch die Zerstörung der Natur, radioaktive Verseuchung, Überbevölkerung oder Zusammenbruch der Weltwirtschaft zu erwartenden Verheerungen auszumalen.

Doch nach dem Anfang folgt immer auch bald das Ende ihrer Führerschaft. Sobald nämlich eine dieser von ihnen begründeten »Bewegungen« ihre ersten Schwierigkeiten hinter sich läßt und soviel Zulauf findet, daß plötzlich eine neue Machtposition in unserer Gesellschaft entsteht, wird der Phantasievolle der ersten Stunde durch eine jener Personen vertrieben, die, wie wir sahen, durch ihre Beharrlichkeit, ihren Fleiß und ihr Selbstbewußtsein dazu prädestiniert ist, einflußreiche Posten an sich zu bringen und zu behalten. Die Berufung des Revolutionärs wird zum Beruf des Funktionärs – das weitere Schicksal der Idee ist durch Intelligenz nur noch ausnahmsweise zu beeinflussen.

So gut er es eben gelernt hat, kämpft der Phantasievolle noch eine Weile um die Spitze. Dann wird er entweder vom jeweiligen Robespierre der jungen Bewegung ohne Gefühlsduselei an die Wand gestellt, oder er besiegt sich selbst – indem er seine Angst vor der Verantwortung für

eine stetig steigende Zahl von Menschen, sein Mißbeha-
gen vor der nun beginnenden Routine die Oberhand gewinnen läßt. Schon eine ganze Weile hat er vom Rückzug
in die Anonymität geträumt: Sein Gesicht auf dem Bild-
schirm, seine Stimme im Radio, die durch ewiges Wieder-
holen nun schon wie Phrasen klingenden Kampfparolen,
das alles flößt ihm Ekel vor sich selber ein. Ist es nicht
lächerlich, wenn einer sich für unersetzlich hält: Was soll
dieser missionarische Eifer?

Und so geraten denn Kirchen, Parteien, Gewerkschaften, Umweltschutz- und Friedensprogramme, Frauen-,
Männer-, Kinder- und Altenrechtsbewegungen mit schöner Regelmäßigkeit in die Hände der Barbaren. Schon
nach wenigen Jahren verkommen die gegen die Dummheit ins Leben gerufenen Institutionen zu Horten eben
jener Dummheit, die sie bekämpfen wollten: Christi Leiden
für die Unterdrückten sind zum Unterdrückungsinstrument
des Klerus geworden. Die Ideale der Französischen Revolution wurden von den bestialischen Jakobinern verraten.
Aus den Träumen von Marx und Engels entstand die Mitleidlosigkeit der Kommunistischen Partei. Das von unseren Vätern so bitter erkämpfte Streikrecht liegt heute in
den Händen perspektivloser Gewerkschaftsfunktionäre.
Die von den weißen Herrschern befreiten Kolonien gerie-
ten in die Gewalt schwarzer Diktatoren. Die phantasievollen Vietnamprotestler haben uns die stumpfsinnigen Kom-
mandos der Roten Brigaden hinterlassen. Die Tränen der
mutigen Suffragetten brachten die karikaturhaften Eman-
zen hervor. Die herrlichen Grauen Panther und andere Altenrechtsbewegungen sind dazu prädestiniert, zur Platt-
form PR-süchtiger Berufsgreise zu verkommen. Und die

mit soviel Elan zum Schutz des Friedens und der Umwelt ins Leben gerufenen Initiativen degenerieren voraussichtlich in dem Tempo, wie sie sich durch Zustrom von Anhängern zum Aufstiegsinstrument für Karrieristen profilieren.

»Der Ausspruch ›Der Klügere gibt nach‹ begründet die Weltherrschaft der Dummen«, heißt es bei Marie Ebner-Eschenbach. Denn der Klügere gibt nach, und der Dümmere macht so lange weiter, bis es *sein* Niveau ist, das das Gesicht der Erde prägt. Doch da man an diesem Gesetz kaum etwas ändern kann, wird es sich auch ins nächste Jahrtausend hinüberretten.

Weichende
Denkverbote

GROSSMUTTERS FRAUEN-
BEWEGUNG IST BANKROTT

Daß Männer Menschen sind, die es anders, aber gewiß nicht besser haben als wir Frauen, das darf man heute sogar schon öffentlich sagen. Und vielleicht habe ich mit früheren Büchern und zahllosen Diskussionen zu diesem Thema sogar ein wenig dazu beigetragen, daß dieses Tabu endlich ins Wanken gekommen ist.

Auch die Liste männlicher Benachteiligungen, die ich bei solcher Gelegenheit gern deklamiere, wird heute von den meisten Diskussionspartnern, wenn auch vielleicht zähneknirschend, akzeptiert:

1. Männer leisten Militärdienst, Frauen nicht.
2. Männer werden in den Krieg geschickt, Frauen nicht.
3. Männer, die nicht schießen wollen, müssen zur Strafe Ersatzdienst leisten. Frauen leisten keinerlei gesellschaftlichen Dienst.
4. Männer werden in den meisten westlichen Industriestaaten einige Jahre später pensioniert als Frauen (obwohl sie aufgrund ihrer kürzeren Lebenserwartung eher ein Recht auf frühere Pensionierung hätten).
5. Männer verdienen den Unterhalt von Frauen, Frauen so gut wie nie den von Männern.
6. Männer sind ein Leben lang ohne Unterbrechung berufstätig, Frauen nach der Heirat oft nur noch mit jahrelangen Pausen, in Teilzeitjobs oder überhaupt nicht.

7. Obwohl Männer in der Regel ein Leben lang berufstätig sind und Frauen nicht, sind sie insgesamt ärmer
als diese. In allen westlichen Ländern liegt die Mehrheit des Privatvermögens in weiblicher Hand.

8. Männer bekommen ihre Kinder geliehen, Frauen dürfen
sie behalten: Das von Männern gemachte Scheidungs-
recht beraubt Männer bei der Trennung von der Mutter
automatisch der Kinder.

9. Männer bewohnen ihr Zuhause nur auf Abruf, Frauen
können bleiben: Da man das gemeinsame Kind bei der
Scheidung in der Regel der Mutter zuspricht, muß man
ihr auch das gemeinsame Domizil überlassen.

10. Männer können politisch nur durchsetzen, was Frauen
entweder nützt oder gleichgültig ist: Da Frauen streß-
ärmer leben, haben sie auch die höhere Lebenserwartung und verfügen darum in allen demokratisch regierten Ländern über die Mehrheit der Wählerstimmen.

11. Männer können in der Öffentlichkeit nur Meinungen
vertreten, die Frauen entweder angenehm oder gleichgültig sind: Da wir Frauen in neun von zehn Fällen das
Familieneinkommen verwalten und achtzig Prozent der
Kaufentscheide treffen, wendet sich auch die Werbung
vorzüglich an uns. Deshalb sind wir von den Medien
kaum kritisierbar: Wenn Frauen zum Beispiel eine
Zeitschrift nicht mehr kaufen, weil ihnen mißfällt, wie
dort über sie geschrieben wird, verliert diese ihre An-
zeigenkunden und damit ihre wirtschaftliche Basis.
Wenn Frauen eine Fernsehserie nicht mehr einschal-
ten, weil man sie dort unvorteilhaft präsentiert, ziehen
sich auch die Sponsoren der Serie zurück.

Die einzigen, die es sich nicht leisten können, diese Liste zu akzeptieren – oder sich zumindest einbilden, es nicht zu können –, sind die Politiker. Sie glauben immer noch, daß der sicherste Weg zu unserem weiblichen Wählerherzen darin besteht, uns als die Unterdrückten zu bezeichnen. Und vielleicht haben sie mit dieser Strategie sogar recht.

Aufgrund der Argumente von Punkt 11 dieser Liste dürfen natürlich auch die Medien nicht sagen, daß zwischen den Geschlechtern zwar längst Gleichberechtigung, aber noch lange nicht Gleichverpflichtung waltet. Wenn es zum Beispiel um die Diskussion der weiblichen Wehrpflicht geht, wird stets gefragt, wie man an der Landesverteidigung interessierten Frauen ihre berechtigte Forderung nach Posten in der Militärhierarchie erfüllen könnte. Von der verdammten Pflicht junger Mädchen, Militärdienst oder zumindest Sozialdienst zu leisten, solange diese Pflicht für die jungen Burschen gilt, wagt niemand zu reden. Heißt es doch, daß man uns Frauen im Ernstfall ohnehin nicht an die Front schicken könnte, weil sich unsere männlichen Mitsoldaten vor lauter Sorge um unsere Sicherheit nicht auf den Feind konzentrieren würden. Daß wir – die mit dem vielgepriesenen Mutterinstinkt – unsere männlichen Mitsoldaten vor der auf der anderen Seite lauernden, schwerbewaffneten Feindin schützen möchten, befürchtet offenbar keiner.

Und auch bei einer Scheidung wird es nach wie vor heißen, der Herr Soundso habe Frau und Kind sitzen lassen. Daß er aus seiner eigenen Wohnung verjagt wurde und dieser Frau auch noch sein Kind überlassen mußte, würden Journalisten nicht schreiben. Für die Herren und Damen in den Medien haben wir für immer das benachteiligte Geschlecht zu bleiben, denn offenbar hören die meisten von uns es so noch immer am liebsten. Daher ist das Frauenbemitleiden heute eine regelrechte Industrie. Und je schwieriger es wird, diesen Standpunkt zu verteidigen, desto besser bezahlt sind jene Journalisten, die es noch immer fertigbringen. Anstatt ihr Arbeitsfeld in jene Regionen der Welt zu verlegen, wo es uns Frauen tatsächlich dreckig geht, bleiben sie lieber im Lande und ernähren sich unredlich.

Abgesehen von Politikern und Medienleuten dürfen wir Frauen heute aber bereits allerlei Selbstkritisches äußern, ohne daß man uns, wie Anno dazumal, mit dem Garaus droht. So kann man heute bei Diskussionen die gesamte Frauenbewegung als überflüssig bezeichnen: Sie habe ihr Ziel erreicht. Vor allem im Land der unbegrenzten Denkmöglichkeiten, den USA, scheint sich diese Ansicht durchzusetzen. Ihre Verfechterinnen nennen sich »die dritte Welle des Feminismus« und lassen sich als »die neuen Frauen« feiern.

Sogar daß der Feminismus gescheitert ist, darf man seit einiger Zeit, wenn auch mit Vorsicht, äußern. So wagte es das angesehene Gallup-Institut, Ende 1993 folgendes Ergebnis seiner Meinungsumfrage zu veröffentlichen:

44 Prozent aller US-Frauen bevorzugen einen männlichen Boss.
45 Prozent finden es besser, wenn der Mann das Geld verdient.
47 Prozent meinen, die Frauen sollten zu Hause bleiben.
49 Prozent meinen gar, die Frauenbewegung habe ihr Leben erschwert.

Mit anderen Worten: Ausgerechnet im Land mit der aktivsten Frauenbewegung ist heute fast jede zweite Frau gegen die Emanzipation. Auch wir Frauen haben eben unsere Lust an der Unfreiheit. Schwierig wird es für den, der hier die Grenze zu unserer Bequemlichkeit ziehen wollte.

Was man mit unsereins auch heute noch nicht ungestraft erörtern kann – und hier spreche ich wieder aus eigener Erfahrung –, sind die Gründe für das Scheitern der weltweiten Frauenbewegung. Denn diese ist eindeutig daran gescheitert, daß sie das Konzept für einen Aufstand der Frauen auf der Basis falscher Daten erstellt hatte. Der Umsturz war sorgfältig geplant und publizistisch überwältigend gut vorbereitet, doch als man die Fackel zündete, sprang der Funke nicht über. Es fehlte der Brennstoff, das »revolutionäre Potential«: Das im feministischen Lager beschworene Patriarchat existiert in den westlichen Industriestaaten nur an der Oberfläche – im Kern ist diese Gesellschaft durch und durch matriarchalisch organisiert. Mit Umfragen wie der von Gallup hätte man das ohne weiteres vor dem Kriegsgeheul feststellen können – und hätte damit seinem Geschlecht eine gigantische Blamage erspart. Doch ich habe den Eindruck, daß das außer ein paar anderen Frauen und mir eigentlich niemanden stört.

Die Mehrheit der Frauen schloß sich der Revolte nicht an, weil sie ihren Zustand nicht so einschätzte wie die Minderheit derer, die sie anzufeuern suchte – die meisten Frauen fühlen sich von den Männern nicht unterjocht. Vielleicht in einigen Teilaspekten, doch diese fallen nicht so sehr ins Gewicht, als daß wir das ganze System über Bord werfen möchten. Das Wahlrecht besitzen wir, den anstrengenden Kleinkrieg um gleichen Lohn für gleiche Arbeit haben wir an die Gewerkschaften delegiert (in denen wir, die Benachteiligten, uns nur ausnahmsweise engagieren), an dem bei Scheidungen anfallenden Recht auf Kinderverzicht und Unterhaltsbeibringung ist uns nicht gelegen, und auch auf das Recht am Kriegsdienst sind wir nicht erpicht. Hier sollte uns zwar die Militärkarriere offenstehen (und tatsächlich gibt es mittlerweile weibliche Generäle und Verteidigungsminister), nicht aber die Militärpflicht: Weiß nicht jeder, daß wir Frauen den Dienst an der Waffe mit unserem Gewissen niemals vereinbaren könnten, weil die Frau von Natur aus pazifistisch ist? In Ländern, wo junge Männer diesen Dienst seit einiger Zeit ebenfalls aus Gewissensgründen verweigern dürfen und statt dessen Ersatzdienst in Krankenhäusern und Altenheimen leisten, werden die jungen Frauen, wie gesagt, dennoch nicht gleichverpflichtet. Als Mütter werden sie sich später noch genug um Kranke und Alte zu kümmern haben – ist nicht das Leben einer Frau ein einziger Sozialdienst?

Was man erst recht nicht aussprechen darf, ist der Hinweis, daß die Theorie der Frauenbewegung ein von Männern erdachtes Konzept gewesen ist. Und hier liegt der eigentliche Grund für das falsche Vorgehen der viel später auftretenden Feministinnen weiblichen Geschlechts. Wenn man sich fragt, wie sie sich als Frauen bei der Einschätzung der weiblichen Lage dermaßen verkalkulieren konnten, findet man hierin die Antwort: Sie taten genau das, was sie uns übrigen Frauen so gerne abgewöhnen wollten, und übernahmen sogar in diesem, ihrem ureigensten Bereich männliche Wertvorstellungen. Anstatt die Situation unseres Geschlechts selbst zu prüfen und aus einer weiblichen Perspektive über weibliches Befinden zu berichten, liefen sie in die Bibliotheken und studierten jene Bücher, die mitleidvolle Männer über uns geschrieben hatten. Deren Schlußfolgerungen gaben sie anschließend für ihre eigenen aus: Der Feminismus, den wir heute kennen, ist nicht auf Großmütterchens Mist gewachsen – Großväterchen hat ihn sich ausgedacht.

Denn auch, wenn das heute niemand mehr wissen möchte: Es waren Männer, die das »Komplott des Patriarchats« entlarvten – Männer wie Karl Marx, Friedrich Engels, August Bebel, Sigmund Freud, John Stuart Mill, Henrik Ibsen. Wir Frauen kamen später und haben unter ihre Schlußfolgerungen unsere Unterschrift gesetzt. Als Simone de Beauvoirs Wälzer »Das andere Geschlecht« erschien, bestand die Neuigkeit darin, daß die männliche Einschätzung der weiblichen Lage zum ersten Mal ausdrücklich – und vor allem ausführlich – von einer Frau gebilligt wurde. Und damit kam eine Lawine ins Rollen: Buch um Buch wurde die angelesene These von männlicher Brutalität und weiblichem Martyrium von anderen Autorinnen fortgeschrieben; mit jeder Publikation bekam man weitere Beweise für die Infamie des anderen Geschlechts geliefert. Und da zumindest anfangs so gut wie jedes dieser Bücher auch kommerziell erfolgreich war, wurde die Flut bald so enorm, daß die Buchhandlungen gezwungen waren, ganze Abteilungen mit Emanzipationsliteratur einzurichten. Dabei blieb der intellektuelle Aufwand der Schreiberinnen minimal. Ohne auch nur einmal nachzudenken, konnte man sich den Anstrich geben, eine »Vordenkerin« zu sein: Um als Frau ein Buch über Frauen zu schreiben, genügte es zu behaupten, daß wir besser, gescheiter, phantasievoller und sensibler seien als die Männer.

Doch keine der selbstlosen Kämpferinnen für unsere Sache kam auch nur auf die Idee, uns übrige Frauen zu fragen, ob wir mit dem Stigma des Opferlamms einverstanden seien. Daß viele von denen, die uns aufriefen, den Kontakt mit den Brutalos abzubrechen, sich im selben Atemzug zur gleichgeschlechtlichen Liebe bekannten, konnte ihrer Aussage ebenfalls nicht schaden. Würde ein Blinder versuchen, den Sehenden ihre Freude am Sternenhimmel auszureden, würde man ihn belächeln. Erklärten uns homosexuelle Frauen, der Beischlaf mit Männern sei demütigend, Gebären Sklavendienst und Kinderhüten stupide, wurden diese Erkenntnisse in den Medien andächtig wiederholt. Bei allem Respekt vor den Angehörigen sexueller Minderheiten und deren oft bewundernswerter Zivilcourage: Handelte es sich in diesem Fall nicht um ein bewußtes Madigmachen der Konkurrenz? Sind die verteufelten Machos nicht auch Rivalen der Lesben beim Kampf und die sexuelle Gunst der zur Revolte aufgeforderten Schönen?

Aber warum griffen die männlichen Vorkämpfer für unsere Befreiung mit ihrer Kalkulation so unglücklich daneben? Denn auch ihnen, die am Anfang der gescheiterten Bewegung standen, ist der Vorwurf der Meinungsmanipulation zu machen. Auch sie, die Männer mit den weißen Bärten, die Auslöser jener Kampagne, die man bis heute als Feminismus bezeichnet, beschrieben nicht die weibliche Wirklichkeit: Sie machten sich lediglich ihren Reim auf das, was sie in ihrem bourgeoisen Elternhaus und bei ihren bourgeoisen Freunden beobachteten. Wie man aber weiß – und immer noch kaum sagen darf –, war die freiwillige

Selbsterniedrigung der Frau von jeher deren wichtigstes Instrument bei der Verwertung der männlichen Arbeitskraft: Eine Frau, die die eigenen Fähigkeiten konsequent verleugnet und die ihres Partners in den Himmel lobt, Leistung mit sexueller Vergünstigung und mangelnden Einsatz mit Liebesentzug quittiert, kann einen Mann zum Geldverdienen abrichten wie einen Pawlowschen Hund.

Henrik Ibsen hat uns diese Methode bereits vor mehr als hundert Jahren in seinem Stück »Nora oder ein Puppenheim« szenisch vorgeführt: Sobald die kleine Nora sich noch ein bißchen kleiner macht und noch ein wenig dümmer stellt, bekommt sie von ihrem Bankdirektorsgatten alles, was sie will. Nur hat der Dramatiker groteskerweise die Dame im Puppenheim bemitleidet und nicht den Herrn, der jeden Morgen mit der Aktentasche in der Hand für sie anschaffen ging. Denn nach seiner andressierten (männlichen) Werteskala waren ja die Freuden des Geldverdienens über denen des Ausgebens angesiedelt, galt das überwachte Leben hinter Firmenmauern mehr als die Freiheit einer gutsituierten Bürgersfrau, war die Gesellschaft von Befehlsempfängern der von Kindern allemal vorzuziehen.

Schwäche als Unternehmertaktik – wie sollte ein auf Aggressivität abgerichteter Mann auch darauf kommen? Dabei ist es so einfach: Nur für jemanden, der sich schutzlos und unterlegen gibt, geht man bereitwillig zur Arbeit. Nur wenn man das Gefühl hat, etwas zu tun, was die zu Hause auf keinen Fall selber könnte, hat man ein Motiv für die tägliche Plackerei. Hier und nur hier ist auch die Erklärung für die Diskriminierung der Frauen am Arbeitsplatz zu suchen – bringt doch jede Frau, die dasselbe leistet wie ihr männlicher Kollege, das gesamte Kartenhaus seiner Existenz in Gefahr: Wenn auch Frauen ihre Familie ernähren können, wieso schufte ich dann für meine? Die männliche Reaktion auf weibliche Konkurrenz ist die von Menschen, die um den Sinn ihres Lebens bangen: Man versucht die weiblichen Aufsteiger aufzuhalten und findet für die, die es trotzdem schaffen, eine neue Bezeichnung. Es sind Nichtfrauen: Mannweiber.

Beinahe jeder Mann ist ein Produkt weiblicher Programmierung, weil er seine früheste Werteskala einer weiblichen Bezugsperson – der Mutter – verdankt: Wer Gesellschaft sagt, spricht von Frauen. Nur ein freiheitsliebender Vorgesetzter würde frohen Herzens weibliche Karrieren fördern – weiß er doch, daß jede gutverdienende Frau ihn und sein Geschlecht der Freiheit ein Stückchen näherbringt. Doch wie viele solcher Vorgesetzter kann es schon geben? Wie soll ein Mensch, den man von klein an auf das Leben in Hierarchien abrichtet, später freiheitsliebend sein? »Wir Männer sind Idioten«, notiert Cesare Pavese in seinem berühmten Tagebuch, »das bißchen Freiheit, das die Regierung uns läßt, lassen wir uns von den Frauen fressen.«

Auch die bärtigen Frauenrechtler waren dieser Gehirnwäsche ausgeliefert. Sie wurden von frühester Kindheit an Zeuge, wie ihre bourgeoisen Mütter ihre Väter durch Verleugnen und Vernachlässigen der eigenen Fähigkeiten zu Höchstleistungen motivierten, und sie blieben auch selbst meist bis zu ihrem Ende Objekte dieser weiblichen Art der Unternehmensführung. Denn ihre Ehefrauen waren nie berufstätig – nicht Frau Marx ernährte Herrn Marx, sondern Herr Engels – und ließen, wann immer möglich, sogar die

Hausarbeit noch von Personal erledigen. So entstand das Phänomen, daß diese ersten feministischen Theoretiker nicht nur die Frauen der Arbeiterklasse bemitleideten – denen es zu Beginn der Industrialisierung sicher ebenso dreckig ging wie ihren unter den unmenschlichen Bedingungen schuftenden Männern –, sondern auch und vor allem die aus der Mittel- und Oberschicht. Und daraus erklärt sich auch das Kuriosum, daß man das Erkennungszeichen des künftigen Arbeitssklaven, den Penis, zum neiderweckenden Emblem des künftigen Herrschers verklärte.

So kommt es auch, daß die Gedankengänge dieser Koryphäen, wenn man sie auf die Wirklichkeit heutiger Industrieländer überträgt, sich ausnehmen wie ein Kursus im alogischen Denken: Die langlebigere, entweder gar nicht oder nur zeitweise erwerbstätige und insgesamt trotzdem vermögendere Mehrheit wird als Opfer der kurzlebigeren, immer erwerbstätigen und insgesamt trotzdem ärmeren Minderheit präsentiert. Doch nur wenige Frauen belustigen sich offen über diese Art der Männerlogik. Wer will schon dem Hahn die Augen öffnen, der an jedem Monatsende so bereitwillig seine goldenen Eier auf das gemeinsame Konto legt?

Natürlich ist es ein Unterschied, ob man sich vor oder nach der Einführung des Frauenwahlrechts als Feminist oder Feministin gebärdete. Auch wenn die Gesellschaft davor nicht wirklich frauenfeindlich war – wer ein Mädchen sitzenließ oder nicht für seine Familie sorgte, wurde auch früher schon von einer männlichen Justiz, Kirche und Verwandtschaft zur Rechenschaft gezogen –, so gab es doch damals eine objektiv meßbare Benachteiligung, die einen gerechtigkeitsliebenden Menschen dazu bringen konnte, auf die Barrikaden zu steigen. Doch selbst wenn an jenen Protesten viele Frauen beteiligt waren – den Anstoß zur politischen Gleichberechtigung gaben jene ersten männlichen Meinungsmacher, denen wir Frauen verdanken, daß wir nun in jedem demokratisch regierten Land über die Mehrheit der Wählerstimmen verfügen.

Doch wählen wir jetzt Frauen in die Parlamente? Nein, warum sollten wir: Wir tun auch hier, was wir von jeher am besten können, und ernennen jene Männer zu unseren Vertretern, die dort am eifrigsten für uns zu arbeiten versprechen. Mit dem Instrument der Meinungsumfrage kann sich heute jede Partei diskret erkundigen, wie wir es gerne hätten, und dann ihr Angebot nach unseren Vorstellungen formulieren. Wir Frauen sind nicht an der Macht, das ist richtig, doch dank jener ersten Kämpfer haben wir nun die Macht über die Mächtigen im Lande. Die feministische Forderung nach einem Gesetz, das die Hälfte aller politischen Ämter für weibliche Kandidaten reserviert, ist ein Akt der Verzweiflung: Die wenigen an politischer Arbeit interessierten Frauen haben begriffen, daß jeder Appell an die Solidarität der weiblichen Wählermehrheit vergeblich wäre.

Und am Ende des zweiten Jahrtausends ist die Situation der Frauen günstiger als je zuvor. Es hat also eindeutig etwas stattgefunden, das die Perspektiven eines Frauenlebens grundlegend verändert hat. Warum es also nicht Befreiung nennen? Und wenn man es so nennt, wer sonst hätte es vollbracht als die Frauen selbst? Da ja, wie soeben behauptet, die männlichen Denker außerstande waren, über weibliche Belange »undressiert« nachzudenken? Doch hier hat nun das Argument zu folgen, das man am wenigsten gern zur Kenntnis nimmt: Diese Befreiung, die ja tatsächlich stattfand und von der wir heute mit soviel Überheblichkeit sagen, wir hätten »es den Männern gezeigt«, ist ebenfalls diesen zu danken. Zwar liegt ihr keine männliche Theorie zugrunde und ebensowenig die Absicht, uns Gutes zu tun – die Männer dieses nun zu Ende gehenden Jahrhunderts haben uns Frauen quasi versehentlich unsere Freiheit geschenkt. Für den von Karl Marx proklamierten Grundsatz, daß das Sein das Bewußtsein bestimmt, haben wir ein glanzvolles Beispiel geliefert: Als man uns von Hausarbeit und Gebären befreite beziehungsweise uns selbst wählen ließ, wieviel wir von beidem wollten, begannen wir uns sofort wie freie Menschen aufzuführen. (Dennoch ist unser Verhalten natürlich kein wirklicher Beweis für die marxistische These: Wie man an den Massen sich selbst kassierender Frommer sieht, kann das Bewußtsein ebensogut das Sein bestimmen).

Lakonisch formuliert sind wir Frauen die ersten Automationsopfer der Menschheitsgeschichte. Dank der Vielfalt männlicher Erfindungen auf allen Arbeitsgebieten, die traditionell als weiblich galten, ist unserem Geschlecht nach und nach immer weniger Beschäftigung verblieben. Das außerhäusliche Abrackern der Männer für unseren und der Kinder Unterhalt brachte uns quasi als Nebenprodukt immer mehr Komfort ins Haus. Daß wir heute dank Ovulationshemmer nur noch so viele Kinder haben müssen, wie wir wünschen, daß wir dank künstlicher Muttermilch diese Kinder nicht einmal mehr selbst stillen müssen, daß Staubsauger, Wasch- und Geschirrspülmaschine,

Kühlschrank, Tiefkühlkost, pflegeleichte Gewebe, Ölheizung und so weiter unser Leben revolutioniert haben, läßt sich nicht leugnen. Daß wir heute wählen können, ob wir lieber daheim bleiben oder wie ein Mann zur Arbeit gehen, verdanken wir den Männern.

Doch warum bedanken wir uns dann nicht? Es ist ja nicht unsere Schuld, daß wir an all diesen kleinen und großen Revolutionen so wenig beteiligt waren – wir saßen zu Hause bei den Kindern. Warum mißbrauchen wir die viele Zeit, die sie uns damit schenkten, um nun sie, unsere Befreier, als Unterdrücker zu beschimpfen? Warum sagen wir, daß wir das Gebären verweigern, wenn sie uns die Medikamente verschaffen, mit denen wir allerorts die Geburtenrate reduzieren; warum werfen wir ihnen (die sich damit um jegliche Mitsprache bei der eigenen Fortpflanzung brachten) gar vor, sie hätten diese Pillen nur darum für uns erfunden, weil sie die eigene Gesundheit schonen wollten? Warum geben wir Frauen uns als die Gefühlvolleren aus, wenn sich zweimal mehr Männer als Frauen aus Verzweiflung das Leben nehmen? Warum reklamieren wir die Kinderliebe für uns, wenn die überwältigende Mehrzahl der Fälle von Kindesmißhandlung auf unser Konto geht: Wie soll ein kleiner Junge, der von seiner Mutter geohrfeigt wird, als Mann später wissen, daß man physische Überlegenheit nicht mißbraucht? Warum nennen wir uns das phantasievollere der beiden Geschlechter, wenn die meisten der großen Kunstwerke von Männern stammen, und warum tun wir so, als hätten sie, die Klavierbauer, uns, die klimpernden höheren Töchter, am Komponieren gehindert? Warum leisten wir Frauen uns nicht ein bißchen mehr Wahrhaftigkeit und wenigstens ein Minimum an Selbstironie?

Nein, Selbstironie gibt es bei uns nicht. Und auch ein Dankeschön kommt uns nicht über die Lippen. Diese Freiheit, die wir heute genießen, die haben wir uns selbstverständlich ganz allein gegen den erbitterten Widerstand unserer Väter, Gatten und Söhne erstritten. Man darf zwar sagen, daß der Feminismus erledigt ist, weil er sein Ziel erreicht hat. Aber *warum* er sein Ziel erreicht hat, erwähnt man besser nicht.

Dieses Tabu ist offenbar auch der männlichen Seite willkommen. Denn groteskerweise ist es nun der Mann, der den endgültigen Abschied vom Feminismus verzögert. Die meisten Frauen verhalten sich heutzutage den Streiterinnen für ihre Sache gegenüber weitgehend genauso wie seit jeher gegenüber den Männern: Sie lassen sie für sich arbeiten, nehmen sie jedoch nicht weiter ernst. Wenn den Feministinnen überhaupt noch jemand zuhört, dann sind dies ihre Erzfeinde, die Patriarchen. So absurd es klingen mag: Angesichts des demütigenden Katalogs seiner Benachteiligungen braucht nun der verheiratete Mann die Feministin dringender als seine Ehefrau, ist sie doch die letzte, die ihn noch so beschreibt, wie er sich selbst gern sähe: mächtig, rücksichtslos und ohne jede Hemmung, wenn es um die Befriedigung seiner animalischen Instinkte geht.

Gerade die aggressivsten Frauenrechtlerinnen arbeiten also einer ungerechten Ordnung am unglückseligsten in die Hand – ohne ihre unermüdlichen Anklagen gäbe es den Macho höchstens noch im Kino. Wenn unsere Presse sie nicht täglich in Millionenauflage zu reißenden Wölfen stilisierte, zögen die eigentlichen Opferlämmer dieser »Männergesellschaft«, die Männer selbst, des Morgens längst nicht mehr so ergeben in die Büros und Fabriken. Denn je mehr sie im Berufsleben an Souveränität verlieren – je automatisierter ihre Arbeit sich gestaltet, je kontrollierbarer sie der Computer macht, je mehr sie die steigende Arbeitslosigkeit zu Unterwürfigkeit gegenüber Kunden und Vorgesetzten zwingt –, desto mehr müssen sie ja auch das Erkennen der Lage scheuen. Und desto unentbehrlicher wird ihnen die Illusion, nicht sie seien die am meisten Versklavten, sondern jene, um derentwillen sie ein solches Leben auf sich nehmen.

Der traditionelle Feminismus hat also nichts weiter gebracht als dieses: Er hat die Gefühle beider Geschlechter in die Irre geführt. Und was hätte er sonst auch bewirken können? Es handelte sich um eine von Männern gemachte Ideologie, und damit kann man die Probleme der Frauen nicht lösen.

Darum sollte man es nun einmal mit einer etwas realistischeren und daher notgedrungen auch selbstkritischeren Taktik versuchen – mit einem von Frauen ausgedachten *weiblichen* Feminismus. Die industrielle Revolution hat unsere Welt verändert. Auch wenn wir zuweilen wie die von Gallup interviewten Amerikanerinnen mit dem Gedanken flirten – die meisten von uns wollen nicht wirklich an den Elektroherd zurück. Doch so wie die Mehrheit der Männer möchten wir natürlich auch nicht leben. Und auch stehenbleiben ist nicht möglich, dazu ist unsere jetzige Position zu unstabil. Der einzige Weg ist der nach vorn.

Und diesmal sollten wir auf die Hilfe der Männer verzichten. Da in allen entscheidenden gesellschaftlichen Fragen die Frauen agieren und die Männer lediglich reagieren, fehlt letzteren der Überblick. Dies ist vor allem unser Problem, und darum ist es auch unsere Aufgabe, eine Lösung zu finden und durchzusetzen. Wir Frauen sind heute zum Denken und Handeln ausgebildet und stellen die Mehrheit: Falls wir es tatsächlich wünschen, haben wir die Macht, ein anderes Leben zu führen.

Doch dazu müßte man zunächst einmal jenes Tabu durchbrechen, das uns daran hindert, dem vermeintlichen Feind unter die Arme zu greifen. Eine Frau, die sich für die Rechte der Männer einsetzt – eine Maskulinistin – bezeichnen wir noch immer als Opportunistin.

Und dann gälte es das Tabu auszuräumen, das die männliche Psyche auch heute noch regiert: Der Mann müßte endlich aufhören, seinen Wert an seiner Nützlichkeit für Frau und Kind zu bemessen. Doch da wir, die Mütter, ihn ausgerechnet dazu erzogen haben, ist das beinah unmöglich.

GROSSVATERS ARBEITS-
ETHOS IST PASSÉ

Daß sie durch ihre ganze Erziehung dazu abgerichtet werden, später einmal den Lebensunterhalt ihrer Familien zu
verdienen, hören manche Männer heute bereits recht gerne.
Sie wurden (von uns) so lange als Unterdrücker der Schwachen und Benachteiligten beschimpft (von unsereins also),
daß sie für jede Schützenhilfe dankbar sind – vor allem,
wenn diese für einmal aus weiblichem Munde kommt.
Außerdem könnten sie die Dressur schon anhand ihres Ter-
minkalenders bestätigen – sofern sie zu den »Glücklichen«
gehören, die noch einen Terminkalender haben. Und hier
beginnt das trotz all seiner Dringlichkeit noch immer weitgehend tabuisierte Problem.

Dieses besteht weniger in der Anerkennung der im vorausgehenden Kapitel erörterten Tatsachen, als in der Konsequenz, die ein Mann für sich selbst daraus zu ziehen
hätte. Denn diese Konsequenz könnte ja logischerweise
nur darin bestehen, die eigene Erwerbstätigkeit zu dros-
seln und die Hälfte des Unterhalts von der jeweiligen
Gefährtin »anschaffen« zu lassen. Denn so nennt es seine
Muttersprache, wenn eine Frau von ihrem Verdienst
einem Mann etwas gibt.

Die Folge einer solchen Einsicht wäre also bei den
Männern der Wunsch nach einer drastischen Herabsetzung der eigenen Arbeitszeit, die selbstverständlich von
einer entsprechenden Reduzierung des Verdienstes begleitet sein müßte: Man kann für vier, fünf Stunden Arbeit

nicht dasselbe Gehalt verlangen wie für acht. Doch was soll's? Die fehlende Hälfte der Einnahmen würde ja von der besseren Hälfte hereingeholt.

Für diesen bei steigender Arbeitslosigkeit immer wichtiger werdenden Ausweg kämpfe ich seit bald zwei Jahrzehnten mit allen einer Schriftstellerin zur Verfügung stehenden publizistischen Möglichkeiten. Nach meiner festen Überzeugung ist eine Verkürzung der täglichen Arbeitszeit die Lösung, die kommen *muß*. Im Interesse von Männern und Frauen, Jungen und Alten und nicht zuletzt in dem der Kinder. Doch gerade die, die davon am meisten profitieren würden, die Männer, sind die erbittertsten Gegner einer solchen Reform. Nach unzähligen öffentlichen Diskussionen, die ich über dieses Thema führte, kann ich bezeugen, daß es sich hier um ein zwar ins Wanken geratendes, aber noch immer solide verankertes Tabu handelt. Daß man überhaupt darüber reden darf, daß man bei solchen Gesprächen Zuhörer findet, ist ausschließlich dem wachsenden Heer der Arbeitslosen zu danken. Dem konservativsten Mann beginnt langsam zu dämmern, daß demnächst auch er selbst zu den »Überflüssigen« gehören könnte.

Mein Vorschlag zur Lösung dieses Problems zielt auf eine schrittweise Herabsetzung der Arbeitszeit auf fünf Stunden täglich, begleitet von einer schrittweisen Anpassung der Gehälter. Ich habe dieses Modell erstmals 1978 vorgestellt – zu einer Zeit der Vollbeschäftigung also – und später angesichts der steigenden Arbeitslosigkeit in weiteren Büchern aus den unterschiedlichsten Blickwinkeln vervollständigt. In der Praxis würde es uns folgende Vorteile bringen:

1. Jeder hätte seinen eigenen Beruf, sein eigenes Einkommen und später dann seine eigene Rente.
2. Jeder hätte sowohl Arbeit als auch Zeit zum Leben.
3. Alte Menschen könnten bei so kurzen und weniger belastenden Arbeitszeiten selbst entscheiden, ob und wann sie sich zur Ruhe setzen, sie *müßten* sich nicht mehr pensionieren lassen.
4. Kinder hätten erstmals nicht nur Mütter, sondern auch Väter. Sie müßten auch bei Berufstätigkeit beider Eltern nicht in Ganztags-Krippen und -Kindergärten kaserniert werden und sich nach der Schule nicht mehr auf der Straße herumtreiben. Zumindest einer der beiden Elternteile würde daheim auf sie warten.
5. Männer hätten nicht mehr die Hauptverantwortung für Wohlergehen und Status der Familie. Sie würden sich also im Beruf weniger verausgaben, was wiederum eine Steigerung ihrer Lebenserwartung zur Folge hätte. Frauen wären im Alter nicht mehr so einsam, wie sie es heute sind.
6. Die weibliche Berufsausbildung wäre nicht mehr die gigantische wirtschaftliche Fehlinvestition, die sie heute darstellt: Welchen Sinn hat es, Frauen mit demselben Aufwand wie Männer auf Berufe vorzubereiten, wenn die meisten von uns während der langen Jahre des Hausfrauendaseins alles Erlernte wieder vergessen und später bestenfalls in Halbtagsstellen ohne Verantwortung tätig sind?

Diese Reform brächte uns endlich eine nicht nur moralisch, sondern auch wirtschaftlich vertretbare Spielart des Sozialismus. Eines Sozialismus, bei dem nicht Rachegedanken und Klassenkampf im Vordergrund stünden, sondern die Rücksicht auf menschliche Bedürfnisse und die Einsicht in menschliche Schwächen. Sie brächte uns eine Gesellschaft, in der die Vorzüge des Kapitalismus und des Kommunismus, des Individualismus und des Kollektivismus, des Egoismus und des Altruismus zum Vorteil der Allgemeinheit und zum Wohl jedes einzelnen miteinander verbunden wären. Sie wäre der Grundstein für eine Welt, in der alle Menschen so gleich wie nur möglich wären und dennoch so verschieden wie nie zuvor.

Wir alle wissen, daß wir uns auf der Suche nach mehr Gerechtigkeit in eine Sackgasse verirrt haben. Das Privateigentum an Gütern und Produktionsmitteln ist in den auf sozialem Gebiet führenden westlichen Industrieländern – also zum Beispiel auch in Deutschland – inzwischen so weit verteilt, wie man es sich im Interesse der Allgemeinheit leisten kann. Es hat sich herausgestellt, daß die Forderung nach bedeutend höheren Reallöhnen und mehr Mitbestimmung in den Betrieben die unternehmerische Initiative bremst und wegen des damit zwangsläufig verbundenen Verlustes an Arbeitsplätzen zuallererst denen schadet, für die man diese Gerechtigkeit verlangt.

Wenn man aber den Spieß umdreht, den Armen die Unternehmen in die Hand gibt und – damit keine neuen Reichen heranwachsen können – den Profit gleichmäßig verteilt, wird die individuelle Leistung so niedrig, daß man statt verschieden viel lediglich gleich wenig hat. Man hat dann zwar seine Vergeltungswünsche gegen die Oberschicht befriedigen können, ist aber insgesamt ärmer und muß mehr Stunden an seinem Arbeitsplatz verbringen als zuvor. Es kann deshalb bei der gerechteren Verteilung von

Geld in stark sozialisierten westlichen Industrieländern in Zukunft nur kleine und langsame Fortschritte geben.

Anders sieht es bei der Verteilung von Zeit aus: Hier ist noch nicht einmal der Anfang gemacht. Als getreue Jünger von Adam Smith oder Karl Marx waren wir dermaßen fasziniert von der Umverteilung der materiellen Güter, daß wir beim Ruf nach mehr Gerechtigkeit die Umverteilung des wichtigsten immateriellen Gutes – der Ware Zeit – vollkommen übersahen. Und dies, obwohl doch Zeit – Freizeit – im Gegensatz zu Geld heute fast gleichmäßig über die Gesamtbevölkerung verteilt werden könnte, ohne daß jemandem Schaden daraus entstünde.

Denn wenn bisher auch kaum davon gesprochen wurde, ist Zeit, sobald das Existenzminimum gesichert ist, für das soziale Glück ebenso wichtig wie Geld. Das Wohlbefinden eines Menschen hängt davon ab, wie gut er seinen Selbsterhaltungstrieb, seinen Sexualtrieb und seinen Brutpflegetrieb befriedigen kann – es dreht sich um Nahrung, Behausung, Gesundheit, Partnerschaft, Familie. Mit Geld kann man dies fast alles kaufen, doch ohne Zeit hat es fast keinen Wert. Mit Geld bekommt man gutes Essen und schöne Wohnungen, doch ohne Zeit kann man beides nicht genießen. Mit Geld bleibt man länger gesund (Reiche leben länger als Arme), doch wenn man außerdem noch Zeit hat, bleibt man es noch länger (reiche Frauen leben länger als reiche Männer). Mit Geld findet man leichter einen Partner, und mit Geld kann man sich auch viele Kinder leisten, doch deren Gesellschaft kann man erst genießen, wenn man auch noch Zeit für sie hat. Mit Geld kann man sich eine vorzugliche Ausbildung kaufen, doch die Interessen, die dabei geweckt werden, wird man erst dann befriedigen können, wenn man diese Ausbildung nicht wieder ausschließlich zum Geldverdienen einsetzen muß – wenn man neben seinem Beruf auch noch Freizeit hat.

Arbeit für alle – für Männer und Frauen, Junge und Alte – und damit *kürzere Arbeitszeit für alle*: Das ist meines Erachtens die einzige unserer Epoche gemäße Revolutionsparole. Denn eine solche Revolte könnte, ohne daß ein Tropfen Blut vergossen würde, die soziale Marktwirtschaft der westlichen Industrieländer erheblich sozialer machen. Sie hätte für die Bürger Konsequenzen, die ans Wunderbare grenzten: Männer hätten endlich Zeit, Frauen ökonomische Unabhängigkeit, Kinder familiäre Geborgenheit, ältere Menschen Selbstachtung, unvermögende Paare könnten sich ohne Wartezeiten aneinander binden, und unglückliche Paare könnten sich ohne Umstände voneinander scheiden lassen.

Freizeit für alle könnte heute meines Erachtens in den Ländern der Europäischen Union den Ruf nach Freiheit – falls er überhaupt noch erklingt – vollkommen ersetzen. Die Freiheit haben wir ja schon: Wir haben Redefreiheit, Pressefreiheit, Versammlungsfreiheit, Religionsfreiheit, Freiheit bei der Wahl des Partners, des Wohnorts, des Berufs. Was uns jetzt noch fehlt, ist (abgesehen von der Lust auf diese Freiheit, von der wir im dritten Kapitel sprachen) lediglich die Zeit, um von allen diesen schwer erkämpften Freiheiten Gebrauch machen zu können. Und auch die so oft gehörte und niemals klar definierte Forderung nach Abschaffung »gesellschaftlicher Zwänge« könnte nach meiner Meinung am Ende dieses zweiten Jahrtausends ihre Erfüllung dergestalt finden, daß kein Bürger eines Landes mehr dazu verpflichtet wäre, den Unterhalt eines anderen Bürgers zu verdienen. Daß man also in der Lage wäre, auf Wunsch das eigene Leben von einem Augenblick zum anderen radikal zu ändern.

Nichts als Vorteile also, wie immer man es betrachtet. Es sei denn, man sieht in der Möglichkeit, sich für die Seinen zu Tode zu arbeiten – die soviel geringere Lebenserwartung der Männer zeigt uns, daß sie das tatsächlich tun –, einen Vorteil, der alle anderen überwiegt. Und gerade darum scheint es sich bei den Gegnern einer gerechteren Verteilung der Arbeitszeit zu handeln. Die Männer – jene, die noch Arbeit haben – möchten ob ihrer Schufterei für Frau und Kind bedauert werden, doch weniger arbeiten oder gar ganz damit aufhören möchten die meisten von ihnen nicht. Denn ein Mann, der zu Hause bei den Kindern bleibt, ist ein »Ausgehaltener«, während eine Frau, die dasselbe tut, von ihm nach wie vor als »Hausfrau« bezeichnet wird.

Für ihn also keine Arbeitszeitverkürzung, danke. Und offenbar auch nicht für die anderen. Der Wunsch nach mehr Freizeit ist etwas, womit Männer renommieren, doch wenn er dann in Erfüllung geht, empfinden sie das als Fluch. Selbst in Ländern, in denen der Staat seine Arbeitslosen hinreichend unterstützt, bekommen diese bei einem längeren Anhalten dieses Zustands psychische Probleme. Das sind zwar nur die Spätfolgen jener Abrichtung zum »richtigen Mann«, der ein Junge von klein an ausgeliefert ist – doch wer aus dem Heer der Psychologen, das man auf diese zu ewigen Ferien Verdammten angesetzt hat, würde es wagen, eine solche Diagnose (falls er als Mann überhaupt in der Lage wäre, sie zu stellen) öffentlich auszusprechen? Keine Macht der Welt könnte seinen

Patienten vom Gegenteil überzeugen: Ein Mann, der nicht arbeitet, ist ein Mann ohne Wert. Daß er heute oft schon mit Fünfundvierzig keinen neuen Arbeitsplatz mehr findet, erfüllt ihn mit Panik – zum Umdenken veranlaßt es ihn nicht.

Wie lange wird man noch darum herumkommen, dieses Verhängnis beim Namen zu nennen? Das häufig zitierte »Ende der Arbeit« ist zwar noch nicht da, und es wird auch nicht den Verlust *aller* Arbeitsplätze bedeuten. Doch daß die Arbeitslosigkeit in allen demokratisch regierten Ländern stetig weiterwächst, ist eine Tatsache, die keiner mehr ignorieren kann. Wir erwähnten bereits die Folgen der Automation. Die erste Welle dieser Automation hat die Arbeit in den privaten Haushalten minimiert und traf so die bis dahin vom Gehalt ihrer Männer entlohnten weiblichen Arbeitnehmer. Doch nun hat uns die zweite Welle erreicht, und diese ist drauf und dran, auch den außerhäuslichen Arbeitsmarkt zu zerstören. Mit einer Verzögerung von ein paar Jahrzehnten haben die von den Männern erfundenen Maschinen nach uns Frauen nun auch sie selbst arbeitslos gemacht. Wohin man auch kommt, sind heute anstatt Menschen Maschinen am Werk, denn sie sind nicht nur billiger, sondern auch kräftiger und zuverlässiger als Männer aus Fleisch und Blut. Und sie treten nicht in Streik.

Doch ist das wirklich ein Drama? Ich habe bereits in meinem ersten Buch zu diesem Thema geschrieben, daß man doch froh sein sollte über jeden Arbeitsplatz, der einem Automaten zum Opfer fällt, weil zumindest bis jetzt nur die eintönigsten und somit am meisten verblödenden

Tätigkeiten von Robotern erledigt werden können: die im wahrsten Sinn des Wortes unmenschlichsten Arbeiten also. Die Diskussion könne nicht dahin gehen, ob und in welchen Bereichen man Automaten verbieten solle, sondern wie und in welcher Höhe man zur Automation übergehende Unternehmen zur Kasse bitten könne, damit die Kaufkraft der durch die Maschinen ersetzten Menschen auf dem jetzigen Niveau gehalten werden kann. Gegen eine solche Besteuerung können die Unternehmer sich schon im eigenen Interesse nicht wehren: Wenn die in ihren Betrieben hergestellten Güter verkauft werden sollen, muß die Bevölkerung über entsprechende Einkommen verfügen. Ansonsten ist ein Giorgio Armani eines Tages in der peinlichen Situation, daß die einzige Kundin, die sich sein Parfüm noch leisten kann, Jil Sander heißt.

Arbeitszeitverkürzung, in welcher Form auch immer, begleitet von einer entsprechend angepaßten Verkürzung des Gehalts sind unausweichliche Reformen. Und diese Einkommensverminderung macht das Einkommen einer Familie nicht geringer: Anstatt daß dieses mit der Acht-Stunden-Fabrikarbeit des Vaters und der Zwei-Stunden-Putzarbeit der Mutter verdient wird, kommt es dann von der Fünf-Stunden-Arbeit von Vater und Mutter. Doch gegen diese Neuerung wehren sich ausgerechnet jene Männer am meisten, die dank ihrer Macht diesbezüglich am ehesten etwas ändern könnten. Daß eine Gesellschaft nicht friedlich bleibt, wenn sich die eine Hälfte zu Tode arbeitet und die andere zu Tode langweilt, begreift jedes Schulkind. Es sind die Praktiker, die sogenannten Manager, die sich gegen diese Erkenntnis noch immer mit Händen und Füßen wehren. Vom psychologischen Standpunkt ist das nur folgerichtig, weil ja gerade die, die es in der Berufswelt am weitesten bringen, die am besten Abgerichteten und somit die Arbeitssüchtigsten sind. Und auch die Phantasielosesten, wie wir im fünften Kapitel zeigten. Daß der Vollblutmanager seine Ferien bekanntlich am liebsten auf einem Segelboot verbringt, ist kein Zufall, denn so hat er auch in der Freizeit noch alle Hände voll zu tun und kann wenigstens hie und da ein Kommando in den Wind brüllen.

Und darum beschreibt er, der es nun wirklich besser wissen sollte, die wachsende Arbeitslosigkeit als eine Art Betriebsunfall, der bei etwas gutem Willen von allen Seiten (womit er stets die Bereitschaft zu größerer Bescheidenheit von seiten der Lohnempfänger meint) schon bald behoben sein wird. Denn im Grunde handle es sich hier um ein Problem der Anpassung, das in dem Maß gelöst werde, wie unsere im Augenblick in das Zeitalter der Informatik eintauchende Gesellschaft die Produkte der neuen Technologien zu konsumieren beginne und dadurch der Wirtschaft neue Märkte eröffne.

Natürlich hat er mit dieser Meinung, die man angesichts der horrenden Zahl der Arbeitslosen nur noch als Glaubenssatz bezeichnen kann, den Mann auf seiner Seite, der ihm wiederum *seine* Arbeit garantiert. Denn dieser, der Unternehmer, hat in seinem Betrieb lieber einen schlechtbezahlten Ganztagsarbeiter, der sich aus Angst vor Entlassung bis zur Erschöpfung verausgabt, als zwei adäquat entlohnte Halbtagskräfte, die dank der nach einer solchen Reform dann wieder herrschenden Vollbeschäftigung jederzeit eine andere Stelle finden. Bei jeder Gelegenheit warnt uns dieser Eigentümer der Produktionsmittel darum vor dem »Ruin der Wirtschaft«, den uns eine Verkürzung der geltenden Arbeitszeiten brächte. Doch das haben er und seine Sippe in Deutschland zum Beispiel auch 1870 schon getan, als man sich entschloß, die tägliche Arbeitszeit von siebzehn auf zwölf Stunden zu reduzieren, ebenso 1919, als aus diesen zwölf Stunden acht wurden, und 1975 auch wieder, als durch die Einführung der Fünf-Tage-Woche abermals vier Stunden Arbeitszeit wegfielen. Doch jedesmal ist es hinterher nicht nur den Arbeitnehmern, sondern auch ihren Chefs und ihrer sakrosankten Wirtschaft bessergegangen.

Schon weil die meisten meinen, daß diese Profis mehr von der Sache verstehen, pflegen unsere Politiker sich hier der Meinung von Managern und Unternehmern anzuschließen. Die einzigen, die langsam Vernunft annehmen, sind die Führer der Gewerkschaften, und auch sie lediglich aus Eigennutz. Sie beginnen zu begreifen, daß sie mit ihrer bisherigen Taktik ausschließlich die Rechte der Arbeitsbesitzer verteidigt haben, was mit steigender Arbeitslosigkeit ihre Mitgliederzahl und somit ihren Machtbereich weiter und weiter verkleinert. Und darum schwenken nun auch sie, die mich anfangs bei diesem Thema am meisten verhöhnten, auf eine Strategie der Arbeitszeitverkürzung ein. Niemand möchte einen Geisterstaat.

Die Umverteilung der uns verbleibenden Arbeit auf alle Menschen, die Arbeit wünschen – Männer und Frauen, Junge und Alte –, ist also eine Maßnahme, die sich nicht umgehen läßt. Auch wenn die meisten Arbeitsbesitzer noch so sehr an ihrer Beschäftigung hängen: Wenn das Wasser knapp wird, läßt man ja auch nicht den einen sein Schwimmbad füllen, während sein Nachbar nicht einmal ein Glas Trinkwasser hat. Und wie sonst als durch kürzere

Arbeitszeiten wäre dieses Problem zu lösen? Soll man kreisrunde Straßen entwerfen, so daß der eine Arbeitstrupp damit beschäftigt ist, sie anzulegen, während der nachfolgende sie wieder aufreißt?

Die technische Revolution hat uns einen großen Teil unserer Arbeit gekostet, und dieser Verlust ist endgültig. Wir haben uns also damit abzufinden, daß in Zukunft wohl unsere Wirtschaft wächst, nicht aber die Zahl der Arbeitsplätze. Ich selbst sehe jedoch in dieser Veränderung nicht das pessimistische Szenario, das beispielsweise Soziologen wie Jeremy Rifkin oder William Bridges damit verbinden. Es ist unmöglich, daß irgendwann einmal zwanzig Prozent der Arbeitsfähigen die uns verbleibenden, hochspezialisierten und somit überbezahlten Arbeitsplätze besetzt halten, während der Rest im materiellen und psychischen Elend des Gelegenheitsarbeiters vegetiert.

Die Armen *nach* Karl Marx sind andere als die von vorher: Sobald die Arbeitslosigkeit einen bestimmten Prozentsatz erreicht, werden diese postmarxistischen Arbeitslosen ihre Rechte mit Gewalt einzufordern beginnen. Wer meint, daß die Welt friedlich bleibt, wenn nur noch ein Bruchteil der Menschen eine bezahlte Arbeitsstelle hat, ist so naiv wie jener, der sich mit dem Erwerb eines Bauernhofs vor kommenden Hungersnöten schützen möchte. Die hungernden Europäer der Zukunft würden seinen Schweinestall und sein Gemüsegärtchen mit derselben Selbstverständlichkeit plündern, wie es heute schon die hungernden Südamerikaner mit ihren Supermärkten tun. Die Frage ist nicht, ob Arbeitslosigkeit zu Bürgerkrieg führt, sondern bei welchem Prozentsatz von Arbeitslosen das Desaster beginnt. Noch verhält sich der Großteil der beschäftigungslosen Jugendlichen ruhig. Bis zu welchem Grad wir diese uns Arbeitsbesitzern so willkommene Ruhe den verhaßten Drogen verdanken, ist ein Umstand, über den ebenfalls keiner spricht. Inwieweit wir diese in die Drogenszene abgleitenden Jungen retten könnten, wenn wir bereit wären, *unsere* Droge Arbeit mit ihnen zu teilen, wird auch nicht diskutiert. So genau wollen wir das gar nicht wissen.

Es nützt also nichts, wenn die Fachleute den Kopf unters Kissen stecken und warten, daß dieser Alptraum von selbst vergeht. Die gerechtere Verteilung der Arbeit ist ein Problem, das rasch und intelligent gelöst werden muß. Es gibt Verdrängungen, die eine Gesellschaft sich leisten kann, und andere, die sie ruinieren. Das Ignorieren des Schwindens der Arbeit können wir uns schon längst nicht mehr leisten.

VON DER NOTWENDIGKEIT
EINER FAULEN JUGEND

Die gerechtere Verteilung der uns verbleibenden Arbeit
setzt voraus, daß wir allesamt eine Tugend entwickeln, die
bisher als Laster verschrien war, nämlich Faulheit. Etwas
freundlicher könnte man auch von einem Talent zum
Müßiggang sprechen. Denn Faulsein heißt ja nicht, einfach so im Bett herumliegen: Das hat seit dem berühmten
Oblomow wohl keiner mehr richtig geschafft. Faulsein bedeutet nutzlos sein – nutzlos für die anderen. Und das bekommen in der Regel nicht einmal wir Frauen auf die
Reihe: Sobald wir uns nicht mehr »ausgefüllt« fühlen,
lassen wir uns ein Kind erstellen, das uns dann Tag und
Nacht auf Trab hält. Ein Mann bekommt Depressionen,
wenn er den Eindruck hat, seine Liebste brauche ihn nicht
mehr, und macht sich auf die Suche nach einer, die wenigstens so tut, als ob sie seines Beistands bedürfe.

Nun ist das Nutzlossein wie so vieles andere eine Frage
der Erziehung. Das angeborene Talent, das wir alle dafür
mitbringen – man erinnere sich des glücklichen Jauch-
zens, wenn eine in stundenlanger Arbeit erbaute Sand-
burg unter einer Meereswelle verschwand –, wird im Lauf
unserer ersten Jahre systematisch ruiniert: »Trödle nicht
herum!«, »Konzentrier dich auf deine Hausaufgaben!«,
»Erzähl mir keine Märchen!« Auf diese Weise werden wir
so schnell, präzise und pragmatisch, wie unsere Eltern es
von uns erwarten.

Und später geht es auf die gleiche Art weiter: »Die jun-

gen Leute von heute wollen ja alle nicht mehr arbeiten!« –
wie oft müssen wir diesen Spruch trotz allem noch immer
hören? Träfe er doch zu! Leider sind jugendlicher Vanda-
lismus, der neue Rechtsextremismus, der Griff zu den Drogen und die daraus folgende Kriminalität immer dort am
ausgeprägtesten, wo es die größte Arbeitslosigkeit gibt. Es
ist nicht so, daß die Jungen nicht mehr arbeiten wollen: Es
gibt für sie nichts zu tun. Und für diese Untätigkeit, die sie
heute nach der Schulzeit erwartet, werden sie im Unterricht in keiner Weise ausgebildet. Dort werden nach wie
vor die Talente gefördert, die auf einem reichlich bestückten
Arbeitsmarkt von Vorteil sind. Die Fähigkeit, die ein junger Mensch in unserer schönen neuen Welt am dringend-
sten bräuchte, die zur Untätigkeit, wird in seiner Schule
nicht nur nicht gefördert, sondern regelrecht abgewürgt:
»Müller, Sie träumen ja schon wieder!« rügt der Lehrer wie
eh und je, anstatt sich zu freuen, daß sich hier ein junger
Mensch ernsthaft auf sein späteres Leben vorbereitet, indem er einfach so dasitzt und Löcher in die Luft starrt.

Nun könnte Unterricht im Faulsein natürlich nicht darin bestehen, daß man seine Schüler das Träumen bei offenen Augen lehrt. Dazu müßte man zunächst einmal jenen
Unterrichtsstoff in ihre Gehirne versenken, aus denen sich
solche Träume ergeben könnten. Es klingt nach Banalität,
doch das Träumen lernt man am ehesten durch die freiwillige – das heißt, nicht durch Schulnoten gedrosselte – Beschäftigung mit den Künsten. Lesen heißt ja lediglich, daß
ein Mensch neugierig ist auf Geschichten, auf ferne Länder und Planeten, auf das Leben, das vorher war, und auf
jenes, das kommen wird, kommen kann oder kommen
sollte. Und es gibt wohl keinen jungen Menschen, der sich

nicht für zumindest eine dieser Sparten interessiert – die meisten interessieren sich wahrscheinlich sogar für alle. Daß man nach der Schulzeit kaum noch ein Buch zur Hand nimmt, rührt daher, daß man in jener Zeit die falschen Lehrer und die falschen Bücher hatte und obendrein auch noch schlechte Noten bekam, wenn man sich bei den vorgeschriebenen Wälzern langweilte. Ein geschickter Lehrer kann in einem Schüler – in jedem – eine Lust am Lesen entfachen, die ihn bis zum Lebensende begleitet.

Noch leichter ist es mit der Erziehung zum Faulsein mittels Film, damit wir von jung an lernen, auch die bessere Art des Kinos und Fernsehens zu genießen. Ein Cineast kann sein halbes Leben in Kinosälen verbringen, ohne daß ihm etwas fehlt – schon gar nicht die Arbeit in einem Großraumbüro. Ein großes, im Sehen geschultes Publikum wäre nicht nur ein Fortschritt an sich, sondern auch ein Segen für die sich am explosivsten entwickelnde, waghalsigste Kunstrichtung unserer Zeit, die die Filmindustrie nun einmal ist, – die aber oft genug für ein Massenpublikum produzieren muß, dem auf diesem Gebiet jede Bildung fehlt. Da Eltern und Schule den Kinobesuch in der Regel als Zeitverschwendung definieren, sind wir als Erwachsene häufig außerstande, etwas anderes als die primitivsten Elaborate zu goutieren. Und selbst das nur für ein paar Jahre, denn bald ist der Zeitpunkt da, an dem wir uns fast schon damit brüsten, jahrelang nicht mehr im Kino gewesen zu sein. Wozu auch, es ist ja doch immer wieder der gleiche Mist. Und den kann man im Fernsehen bequemer haben.

Daneben wäre selbstverständlich auch der Unterricht in den übrigen Künsten auszubauen. Und diesen hätten idealerweise Lehrer zu erteilen, die ihr Fach nicht als Ausgleich für die eigene Talentlosigkeit gewählt haben. Wie soll einem ein Blinder die Schönheit einer gewagten Farbkombination erkennen helfen, ein Tauber unsere Freude an den gezielten Mißtönen heutiger Komponisten auf eine Weise wecken, daß wir uns genieren, Musik nur darum zu verurteilen, weil wir sie nicht gewöhnt sind? Heute sind es die Schüler, die ihrem bestenfalls bei Bartok stehengebliebenen Lehrer erklären müssen, wo die Stärken eines Frank Zappa liegen. Und mehr als ein nachsichtiges Lächeln werden sie dafür kaum ernten.

Natürlich hat sich auch die Erziehung in den übrigen Sparten (Sport und Spiel, Kochen und Handwerk) auf das Ende der Arbeit einzurichten. Da es zumindest unter den Männern kaum einen gibt, der sich überhaupt nicht für Sport interessiert, liegt gerade hier ein gigantisches Zukunftspotential. Sport erzeugt jene körperliche Müdigkeit, die schon heute durch Arbeit kaum noch zu haben ist. Er ist daher das ideale Arbeitssubstitut für das starke Geschlecht und kann an unseren Schulen nicht genügend gefördert werden.

Wenn wir mit unserer Erziehung also tatsächlich für die Zukunft unserer Nachkommen sorgen wollen, besteht unsere dringlichste Aufgabe darin, die Jugend von heute auf den Müßiggang von morgen vorzubereiten. Wenn unsere Gesellschaft einigermaßen friedlich bleiben soll, braucht sie Menschen, die lieber im Kino sitzen als im Büro. Solange es genügend Arbeit gab, waren wir der Meinung, wir alle seien solche Menschen, und es sei nur die Notwendigkeit des Geldverdienens, die uns daran hinderte, unsere Tage mit Nichtstun zu verbringen. Die Arbeitslosigkeit samt ihrer überraschenden Folgen hat uns eines Besseren belehrt: Der Faule (nicht aber der Phlegmatische), den wir nun so dringend bräuchten, ist nur in Einzelfällen zu finden. Und darum müssen wir ihn er-finden. Das wird nicht leicht sein, weil man eine so gründliche Dressur zur Leistung, wie wir sie fast alle von Kind an genossen haben, nicht von heute auf morgen wegdressieren kann. Doch da es keine andere Lösung gibt – es sei denn, man entscheidet sich für das Modell mit den kreisrunden Straßen –, werden wir es schaffen müssen.

Das Talent, auch ohne Arbeit zu leben, das wir dann idealerweise alle besitzen, wird eine überraschende Folge haben. Gerade diese Fähigkeit zur Beschäftigung mit uns selbst beschert uns dann nämlich eine ganze Reihe neuer Arbeitsplätze.

Das geschieht beispielsweise in Deutschland durch folgenden Mechanismus: Hier sind heute circa 70 Prozent der männlichen und circa 24 Prozent der weiblichen Bevölkerung über 15 Jahre ganztags berufstätig. Diese Menschen haben unter der Woche nicht viel Zeit zum Geldausgeben und beschränken daher ihren privaten Verbrauch an Luxusgütern weitgehend auf Tabak und Spirituosen, die sie während der Arbeitszeit oder abends beim Fernsehen konsumieren, oder auf das Auto, mit dem sie zur Arbeit fahren. Bei einem Fünf-Stunden-Arbeitstag würde sich der Personenkreis, der Zeit hätte, mehr als verdoppeln, was selbstverständlich dem Konsum zugute käme. Vor allem in den auf männliche Interessen spezialisierten Freizeitmärkten käme es zu einer erheblichen Steigerung der Nachfrage, ebenso würde in allen Sparten der Dienstleistungsbetriebe der Bedarf wachsen. Auch würden Unterhaltungsindustrie, Kulturbetrieb, Kunstmarkt, Verlagswesen und so weiter von einer solchen Entwicklung profitieren. Ohne allzu optimistisch zu sein, darf man voraussagen, daß eine radikale Ausweitung der Freizeit bei einem so großen Teil der Bevölkerung nach und nach das Bruttosozialprodukt erheblich steigern würde.

Da das Hauptkontingent an neuer Arbeit dabei voraussichtlich von einem Mehrbetrag im tertiären Wirtschaftsbereich käme (Handel, Verkehr, öffentliche und private Dienstleistungen, Gesundheit, Bildung), hätten die neu entstehenden Arbeitsplätze außerdem den Vorteil, daß es sich bei ihnen um humane, wenig »entfremdete« und nicht exportabhängige Jobs handeln würde. Außerdem hätten sie den Vorzug, daß ihre Nachfrage sich vorwiegend am Wohnort des Arbeitnehmers bilden würde. Dies wäre die beste Prophylaxe gegen die Entstehung einer »entwurzelten Gesellschaft« nach US-Muster, die uns heute jene als Ideal präsentieren wollen, die die Schuld an der bestehenden Arbeitslosigkeit der mangelnden Mobilität der Arbeitnehmer zuschieben möchten. Arbeitslosigkeit kann man nicht durch mehr Mobilität bekämpfen. Eine mobile Gesellschaft ist immer auch eine unglückliche Gesellschaft, weil der Arbeitssuchende in ihr gezwungen ist, seine sozialen Kontakte aufzugeben und sich und seine Familienangehörigen immer wieder neuen Umgebungen anzupassen. Will er dies vermeiden, muß er lange Wege auf sich nehmen und wird so selbst seiner Familie entfremdet. Mobilität ist dem Arbeitnehmer nur dann zuzumuten, wenn damit ein größerer Zuwachs an Sozialprestige verbunden ist – in diesem Fall wird er im neuen Milieu mit offenen Armen empfangen.

Nun kann man hier einwenden, daß das Mehr an Konsum in der Fünf-Stunden-Gesellschaft ja auch mehr Geld kostet. Doch der Konsum würde sich ja nur auf »Güter« verlagern, die man heute aus Zeitmangel nicht genießen kann. Auch wären die Familien nicht ärmer als heute: Das Haushaltsbudget wird lediglich anstatt von einer von zwei Personen verdient. Doch sicherlich wird man auch weniger sparen: Die Beträge, die wir heute von unseren Gehältern auf Sparkonten abzweigen, würden vom Arbeitnehmer, wenn er mehr Zeit hätte, zumindest zum Teil für den Konsum verwendet. In einer Gesellschaft, in der Kinder durch ein Kindergehalt, Kranke und Arbeitslose durch Sozialversicherung und ältere Menschen wahlweise durch Weiterarbeit oder Rente abgesichert sind, wäre Vermögensbildung viel unwichtiger als heute. Das verdiente Geld könnte seinem eigentlichen Zweck entsprechend zum Konsum materieller und immaterieller Genüsse verwendet werden.

Nun wird gerade das von den Kritikern meiner diesbezüglichen Vorschläge am meisten befürchtet: Eine gigantische Freizeitindustrie würde sich dieser über Zeit und (wenn auch weiterhin maßvolle) Einkünfte verfügenden Menschen bemächtigen und sie total manipulieren. Hier kann ich nur wieder entgegnen, daß ich es wünschenswerter finde, wenn ein Mensch in seiner Freizeit durch ein Überangebot an Möglichkeiten zu irgendwelchen Vergnügungen verführt wird, als wenn er den ganzen Tag von seinen Vorgesetzten befohlen bekommt, womit er sich zu beschäftigen hat.

Das Ideal wäre natürlich auch hier wieder der mündige Bürger: ein Mensch also, der gelernt hat, je nach Situation auch nein zu sagen. Doch dieser Bürger kann sich in Fabriken und Büroetagen kaum entwickeln – die wichtigste

Voraussetzung für das Erlernen von Selbständigkeit ist immer noch Freizeit. Und da dieses Mehr an Zeit – gleichgültig welches Modell der Reform man wählt – niemals mit einem Schlag, sondern allmählich auf den Arbeitnehmer zukäme, hätte er auch Gelegenheit, sich daran zu gewöhnen. Sein Geschmack würde sich verfeinern, seine Sensibilität würde wachsen, und schließlich wüßte er auch selbst am besten, was gut für ihn ist. Und was immer das auch wäre, man hätte es zu respektieren.

Denn obwohl viele den Begriff Konsum als eine Art Schimpfwort benutzen, ist Konsum ja keine Sünde, sondern ein von der Öffentlichkeit kontrollierbarer Prozeß, der im Erwecken und Befriedigen von Wünschen besteht. Eine Gesellschaft, in der man keine Wünsche hätte – eine wunschlose Gesellschaft –, wäre ein Paradies-Alptraum, und eine, in der man Wünsche niemals befriedigen könnte, wäre eine frustrierte Gesellschaft. Die Verteufelung des Konsums ist die Prüderie unserer Zeit. Doch Genüsse sind nur dann unmoralisch, wenn sie wenigen vorbehalten bleiben, und das Erwecken von Wünschen ist nur dann verwerflich, wenn man damit Gruppen erreicht, die sich selbst die bescheidensten Wünsche nicht erfüllen können – wie das etwa früher bei den vom Westfernsehen hypnotisierten Bürgern der Ostblockländer der Fall war. Da die Wirtschaft eines Landes nur dann funktioniert, wenn möglichst viele Leute möglichst viel kaufen, besteht die wichtigste Funktion des Konsums hier nicht einmal in dem Genuß, den er dem einzelnen bereitet, sondern im Wohlstand, den er der Unterschicht bringt, und damit im Abbau von Klassenschranken. Konsumverweigerung hat also in den Ländern der Europäischen Union lediglich eine ästhetische Funktion – es sieht einfach nicht gut aus, wenn jemand eine Flasche teuren Weins bestellt, während sich sein Gegenüber gerade mal ein Bier leisten kann –, ethisch ist sie nicht.

Ich denke jedoch, daß unser heute zugegebenermaßen recht einseitiges Konsumverhalten in der neuen Freizeitgesellschaft viel differenzierter wäre. Unser jetziger Konsum ist weitgehend passiv: Nachdem der Bedarf an langlebigen Haushaltsgeräten gedeckt ist, kommen die Zuwachsraten heute hauptsächlich von der Möbel- und Autoindustrie, vom Kauf von Computern, Fernseh- und Phonogeräten. Im Grunde leben wir also im Augenblick weitgehend von Frauen, die alle paar Jahre ihre Wohn- und Schlafzimmer umdekorieren, und von den Männern, die mangels Zeit ihren Lebensinhalt darauf beschränken, alle paar Jahre mit einem neuen Automodell vorzufahren. Doch nun, in der neuen Gesellschaft, hätte man Zeit und würde daher außer den prestigeträchtigen auch Güter konsumieren, die immaterielles Vergnügen bereiten, Güter also, mit denen man selbst etwas macht oder die einem neue optische, akustische oder intellektuelle Genüsse verschaffen: Sportartikel, Musikinstrumente, Malutensilien, Bücher, Schallplatten. Und natürlich auch alles, was einem differenziertere Gaumenfreuden beschert.

Doch zuvor müßten wir, wie gesagt, das Talent zum Müßiggang entwickeln. Es führt kein Weg daran vorbei: Faulheit ist die Tugend der Zukunft, und wer sie noch nicht besitzt, ist angehalten, sie sich schleunigst anzueignen. Sich regen bringt keinen Segen – jedenfalls nicht unseren Mitbürgern. Der Fleiß, zu dem man uns dereinst erzog, wird schon bald als unsozial und verwerflich gelten.

WIRD HEIRATEN MORALISCH?

Der Akt des Heiratens ist heute vor allem darum unmoralisch, weil dabei zwei junge Menschen, die sich in dem Liebe genannten Zustand verminderter Zurechnungsfähigkeit befinden, ihre Unterschrift unter einen Vertrag setzen, der aus religiöser Sicht unauflöslich ist und aus weltlicher wohl kündbar, doch unter so großen materiellen Opfern, daß sich nur Besserverdienende seine Annullierung leisten können.

Denn obwohl alles darauf bedacht ist, der Sache einen glücklichen Anstrich zu geben, bedeutet die Unterschrift auf dem Standesamt zugleich auch den Ruf nach der Justiz, der wir damit die Vollmacht erteilen, den im Augenblick noch angebeteten Partner im Fall eines Vertragsbruchs an die Kandare zu nehmen. Und die Unterschrift in der Kirche beteuert den Ruf nach dem Teufel, den wir damit ermächtigen, den im Augenblick noch geliebten Menschen im Fall einer Verletzung seines soeben vor Gott abgegebenen Gelübdes (etwa wenn er seine Liebe einem anderen schenkt) zur Strafe in seine Hölle einzufahren. Mit anderen Worten: Nur weil sie einander lieben, liefern diese beiden meist noch recht jungen Menschen am Tag ihrer Hochzeit die Macht über sich selbst bei Pfaffen und Juristen ab.

Wenn das Mitmachen bei einer solchen Zeremonie – das Zuschauen, Zuhören, Mitsingen, Mitbeten, Mitunterschreiben, Mitfeiern, Gratulieren – keine unmoralische

Handlung ist, wüßte ich nicht zu sagen, was man unter einer solchen zu verstehen hat, könnte man sie doch angesichts der katastrophalen Entwicklung der Mehrheit aller Ehen – ohne Übertreibung – als Beihilfe zum Unglück bezeichnen. Dabei würde für uns, die Geladenen, allein die Geschmacklosigkeit der zu feiernden Sache genügen, um die Teilnahme zu verweigern. Denn was erwartet den zu einer Hochzeit Geladenen schließlich: Zwei aufwendig gekleidete Bekannte teilen ihm mit, daß es ihnen Freude macht, nackt miteinander ins Bett zu gehen. Säße man mit den beiden im Restaurant, so würde man sie bitten, einen mit ihren Intimitäten zu verschonen. Doch jetzt sitzt man in einer Kirche, und darum wird einem die Verkündung des erotischen Dauerabkommens wie eh und je Tränen der Rührung in die Augen treiben.

Der Höhepunkt des Vulgären ist am Schluß der Austausch der goldenen Ringe. Der Ehering ist darum so geschmacklos, weil die beiden in der Regel auch nach dem Fest nicht von ihm lassen – bis zum Ende ihrer Ehe oder sogar ihres Lebens legen sie ihn (außer beim Seitensprung) nicht mehr ab. Und welch anderen Grund könnte dies haben, als den anderen, den »Sitzengebliebenen«, Tag für Tag zu demonstrieren, daß man, im Gegensatz zu ihnen, jemanden gefunden hat, der einen »liebt«?

Nein, um ein Symbol der Liebe kann es sich beim Ehering gewiß nicht handeln. Er ist das Abzeichen der Mitgliedschaft im weltweit verbreiteten Menschenbesitzerverein und damit eine international verständliche Warnung an all jene, die dessen Gesetze zu ignorieren suchen. Denn an der Hand einer Frau bedeutet das goldene Zeichen, daß diese a) die Lizenz besitzt, die Arbeitskraft eines bestimmten Mannes exklusiv zu verwerten, daß sie b) jenem Mann dafür exklusiv die Benutzung ihrer Geschlechtsorgane überlassen hat und daß c) eine (im allgemeinen weibliche) Drittperson bei einem eventuellen Interesse an a) auch die Verpflichtungen aus b) zu übernehmen hätte. Und zwar spätestens von dem Zeitpunkt an, wo die bei der Beringten unter Vertrag stehende Arbeitskraft der Untreuen auf die Schliche kommt.

An der Hand eines Mannes bedeutet der Ehering vor allem Mangel an Courage. Man denke: Er, der meist in seinem ganzen Leben kein Schmuckstück angelegt hat, traut sich nicht, das Tragen dieses albernen Abzeichens zu verweigern! Und natürlich verrät der Ring auch, daß er kein wirkliches Freiheitsbedürfnis besitzt und alle seine diesbezüglichen Beteuerungen seinem Hang zur Selbstverherrlichung entspringen. Vor allem ist er jedoch ein Hinweis darauf, daß a) seine Einkünfte bereits einer ganz bestimmten Dame zufließen, daß b) diese Dame dafür die Funktion einer Mätresse übernommen hat und daß c) eine andere Dame bei einem eventuellen Angebot ihrer Liebesdienste nicht mit materieller Anerkennung – siehe a) – rechnen kann. Denn leider hat er, der Beringte, außer Sinneslust nichts mehr zu vergeben. (Nur ganz am Anfang einer Affäre läßt er daher sein Abzeichen in der Westentasche verschwinden. Später kommt ihm die ständige Warnung gelegen.)

Nun, dies alles habe ich in meinem erst kürzlich erschienenen Essay »Heiraten ist unmoralisch« ausführlich beschrieben. Daß es sich hier für die Mehrheit um ein wirkliches Tabu handelt, habe ich während der anschließenden öffentlichen und privaten Debatten erkannt, bei denen es in der Regel recht turbulent zuging. In westlichen Ländern sind so gut wie alle Erwachsenen entweder auf der Suche nach einem Heiratskandidaten, bereits verheiratet oder zumindest verheiratet gewesen. Wieviel Zustimmung könnte die Verfasserin eines solchen Buches also erwarten?

Dabei hatte ich am Ende meines Essays eigens ein Kapitel angefügt, in dem beschrieben ist, wie man die Institution Ehe von einer unmoralischen in eine zwar nicht moralische, aber zumindest weniger anstößige verwandeln könnte: Für das Elend, in dem die Partner nach ein paar Jahren miteinander vegetieren, sind in erster Linie die ökonomischen Umstände verantwortlich, unter denen sie ihre Rollen angetreten hatten, und darum gilt es in erster Linie, diese zu verändern. Und da diese Veränderung unausweichlich ist, geht es danach auch der Ehe besser.

Die Männer scheinen sich damit abgefunden zu haben, daß sie für die Liebe zahlen müssen, in Monatsraten oder cash. Darum macht es ihnen beispielsweise auch nichts aus, die Dienste eines Callgirls oder einer Bordellhure in Anspruch zu nehmen. Und obwohl das sexuelle Verlangen der Frau sicher nicht geringer ist, würde diese sich normalerweise lieber erhängen, bevor sie die Liebesdienste eines Mannes mit einem Barscheck quittiert. Was dem Mann Bestätigung seiner Männlichkeit ist (Frauen muß man sich leisten können, und er kann es), wäre für die Frau eine Bankrotterklärung ihrer gesamten Existenz. In ihren Augen hat die Hure hundertmal mehr Würde als der Freier: Diese wird dafür bezahlt, daß man sie anfassen darf, jener muß dafür zahlen, daß man ihn anfaßt. Daß bestimmte Männer mit ihren Bordellbesuchen dann später sogar noch renommieren, erscheint ihr als Gipfel der Absurdität.

Diese diametral entgegengesetzten Ehrbegriffe der Geschlechter sind die Basis der alltäglichen Misere unserer Ehen. In der Veränderung dieser Ehrbegriffe – in der Veränderung der wirtschaftlichen Faktoren, die sie prägen – liegt der Schlüssel zur Sanierung des Geschlechterverhältnisses. Nicht, daß die Paare miteinander jemals hundertprozentig glücklich wären – das können und sollen sie ja gar nicht sein. Die Hölle wäre der Ort, an dem alle Probleme gelöst sind: Ein paar Gründe zum Streiten müssen uns schon darum bleiben, damit dies der Himmel auf Erden wird.

Die Lösung des Problems Ehe besteht darin, den Handel mit der Liebe abzuschaffen. Das heißt, Bedingungen herzustellen, unter denen er trotz der Vertragsunterzeichnung gar nicht erst stattfindet. Das eigentliche Problem der Ehe ist die ökonomische Abhängigkeit der Frau: Für die Zukunft eines Mannes ist die Ehe eine dermaßen große wirtschaftliche Belastung, daß er nur im äußersten Notfall einen Heiratsantrag ausspricht – also dann, wenn er genau weiß, daß er die Geliebte andernfalls nicht halten kann. Doch wenn er das *genau* weiß, handelt es sich um eine Frau, die ihn eigentlich schon nicht mehr liebt – die sich innerlich so weit von ihm entfernt hat, daß sie tatsächlich imstande wäre, ihre Drohung wahrzumachen und ihn andernfalls zu verlassen (oder die ihn von vornherein nicht geliebt hat und nun kaltblütig auf seinen Antrag spekuliert). Und darum werden Ehen eben trotz des tränenfördernden Rituals in der Regel nicht in gegenseitiger, sondern in einseitiger Leidenschaft geschlossen. Nicht, daß die gegenseitige Leidenschaft ein Garant für das große Glück wäre, doch das ganze Unternehmen wäre zumindest etwas weniger zynisch.

Für die Abschaffung des Handels mit der Liebe hat es nie bessere Zeiten gegeben als die heutigen. Durch die immer umfassendere Automatisierung der Hausarbeit und die immer perfektere Handhabung der Geburtenkontrolle hat sich in den letzten Jahrzehnten die Zahl der zur Verfügung stehenden Arbeitskräfte praktisch verdoppelt. Nicht nur Männer, auch Frauen können jetzt außerhalb des Hauses arbeiten. Aus dieser wohl größten sozialen Veränderung unserer Geschichte müssen nun endlich die praktischen Konsequenzen gezogen und beide Geschlechter gleichmäßig am Erwerbsleben beteiligt werden.

Die Liebe kann und muß ihren Warencharakter verlieren. Doch das ist nur möglich, wenn man den Arbeitsmarkt so verändert, daß

a) der Mann so wenig Geld verdient, daß er Frauen nicht mehr kaufen kann,

b) die Frau so viel Geld verdient, daß sie für Männer nicht mehr käuflich ist.

Und auch dazu wird uns die Umverteilung der uns verbleibenden Arbeit verhelfen.

In der Vergangenheit bin ich dieses Problem radikaler angegangen. Ich ging davon aus, daß zumindest alle Frauen an dieser Lösung interessiert sein müßten und daß sie – einmal überzeugt – ihre Mehrheit als Wähler dazu nutzen würden, hier so rasch wie möglich neue Verhältnisse zu schaffen. Auch davor, daß eine schrittweise Verkürzung der täglichen Arbeitszeit das Problem der Arbeitslosigkeit zunächst einmal verschärfen würde, hatte ich vorsorglich gewarnt, denn jede geringfügige Verkürzung der (männlichen) Arbeitszeit würde das Heer jener Frauen mobilisieren, die unter den damaligen Verhältnissen der 40-Stunden-Woche gar nicht an eine Erwerbstätigkeit dachten. Da sieben Stunden Arbeit bereits attraktiver sind als acht, hätte eine solche Reform nolens volens die Bewerbung eines Teils der in ihren automatisierten Kleinhaushalten mehr und mehr gelangweilten Hausfrauen zur Folge. Wenn nach einer einstündigen Arbeitszeitverkürzung auch nur ein kleiner Prozentsatz dieser Automatisierungsopfer eine bezahlte Beschäftigung verlangte, hätte man wieder dieselbe Arbeitslosenquote wie zuvor.

Wie für Goethes Zauberlehrling läge es also in der Dynamik der Sache, daß man nach der Initialzündung die Entwicklung nicht mehr aufhalten könnte. Jede Verkürzung der Arbeitszeit eines Mannes verändert automatisch das Erwerbsverhalten seiner Frau. Und die einmal losgetretene Lawine rollt dann mit jedem weiteren Schritt nur noch schneller: Da sechs Stunden Arbeit noch attraktiver sind als sieben, wäre der Zulauf weiblicher Arbeitssuchender bereits enorm. Abgesehen davon, daß eine Lohnreduzierung im männlichen Lager die weibliche Berufstätigkeit oft auch aus rein materiellen Gründen notwendig machen würde.

Der Prozeß der Arbeitszeitverkürzung könnte also erst dann zum Stillstand kommen, wenn alle Männer und Frauen eine bezahlte Tätigkeit hätten. Und natürlich auch alle alten Menschen, die mithalten möchten: Wer dürfte es wagen, diese zu entmündigen, indem er ihnen das Recht auf Erwerbstätigkeit abspräche, wie es heute durch die Zwangsverrentung üblich ist?

147

Doch auch auf diesem Gebiet haben wir Frauen uns wieder einmal bestechen lassen. Um uns zu besänftigen, haben Politiker und Wirtschaftsfachleute damit begonnen, mehr Teilzeitarbeit anzubieten. Daß das Problem der Arbeitslosigkeit dennoch immer schlimmer wird und das Heer der Erwerbslosen nach wie vor steigt, zeigt uns, wie katastrophal die Lage auf dem Arbeitsmarkt tatsächlich ist.

Als Übergangslösung ist die Vermehrung der Teilzeitarbeitsplätze selbstverständlich nicht zu verachten. Doch falls wir unsere Probleme wirklich lösen wollen, dürfen wir Frauen uns von diesem Angebot auf keinen Fall verführen lassen. Akzeptabel ist es höchstens für die Jahre des Übergangs; auf lange Sicht braucht man ein intelligenteres Konzept, und dieses ist eben nach wie vor die schrittweise Reduzierung der Arbeitszeit *aller* Erwerbstätigen.

Auf lange Sicht ist Teilzeitarbeit für uns Frauen eine Falle: Solange es Ganz- und Teilzeitarbeit gibt, wird ein Unternehmer die wichtigen Positionen immer mit einer Kraft besetzen, die ihm während der gesamten Arbeitszeit zur Verfügung steht. Und da wir Frauen aufs Kinderkriegen nie ganz verzichten werden, ist das in der Regel ein Mann. Gleiche Aufstiegschancen, gleiches Einkommen und gleiche Verantwortung für Männer und Frauen kann es erst dann geben, wenn beide Geschlechter dieselbe Anzahl von Stunden erwerbstätig sind und wenn diese Erwerbsarbeitszeit so kurz ist, daß Frauen weder ihren Beruf noch ihre Kinder vernachlässigen müssen.*

Und diese Kinder müssen selbstverständlich durch ein eigenes Gehalt geschützt sein, das – unabhängig vom Einkommen der Eltern – vom Tag der Geburt an alle Grundbedürfnisse eines Kindes deckt. Es geht nicht an, daß wir

Kinder in unsere Welt einladen und ihnen dann Schuldkomplexe einflößen, weil wir so freundlich sind, sie zu ernähren: »All die kleinen Afrikaner, die nicht genügend zu essen haben! Da siehst du, wie gut du es bei uns hast!« Dieses Kindergehalt ist durch Steueraufkommen aller Erwerbstätigen zu bestreiten. Das ist nicht als Bestätigung jener gemeint, die neuerdings ein Erziehungsgeld von den Kinderlosen verlangen, weil sie selbst ja das Opfer bringen, Kinder aufzuziehen, die später einmal für ihre, der Kinderlosen, Altersrenten zu sorgen haben. Eine solche Argumentation ist pervers: Kein Mensch bringt Kinder zur Welt, um seinen lieben Mitbürgern einmal ein sorgenfreies Alter zu ermöglichen. Im Zeitalter funktionierender Empfängnisverhütung bekommt man seine Kinder immer nur darum, weil man selbst etwas davon hat (und davon wird im nächsten Kapitel die Rede sein). Das Kindergehalt soll Kinder ein für allemal vom Status des Almosenempfängers befreien und sie in ihrem Elternhaus zu einer Art zahlender Gäste machen. Zudem ist ja ein solches Gehalt kein komplettes Novum: Mit der Zahlung des »Kindergeldes« ist in Deutschland und anderen fortschrittlichen Ländern der Anfang längst gemacht. Lediglich die Höhe des Einkommens unserer »Ehrenbürger« ist noch nicht zufriedenstellend.

* Es würde den Rahmen dieses Buches sprengen, hier auf weitere Details der von mir gemachten Vorschläge einzugehen. Leser, die sich dafür interessieren, in welchem Rhythmus und mit welchen Übergangsmaßnahmen die neuen Arbeitszeiten eingeführt werden könnten, welche Regelungen etwa für Büros und Dienstleistungsbetriebe, Ausschöpfung der Produktionskapazitäten in Fabriken oder die Finanzierung des Kindergehalts vorgeschlagen werden, seien auf meine ausführliche Arbeit zu diesem Thema hingewiesen: Die 25-Stunden-Woche. Arbeit und Freizeit in einem Europa der Zukunft. Mit einem Vorwort von Oskar Lafontaine, Düsseldorf 1990.

Dank der Arbeitszeitverkürzung, die auch Frauen die Möglichkeit lebenslanger Berufstätigkeit bringen wird, ist also einiges dazu beigetragen, die Heirat vom Geruch der profitbringenden Unternehmung zu befreien, die vor allem der weiblichen Seite nützt: Da es kaum eine Frau gibt, die dazu bereit wäre, für den Unterhalt von Mann und Kind ein Leben lang in die Fabrik oder ins Büro zu gehen (und dank Dressur seitens der Frauen auch kaum einen Mann, der es zuließe), ist es bei der Heirat der Bräutigam, dem man tröstend auf die Schulter klopft, und die Braut, der man gratuliert.

Und auch die Endgültigkeit der Vertragsunterzeichnung wäre so relativiert. Die Ehescheidung, heute ein Privileg der besserverdienenden Schichten, wäre dann für alle erschwinglich. Nicht nur die Reichen, auch die Armen könnten – so oft sie wollten – heiraten oder sich scheiden lassen. Und auch die Scheidungsprozedur selbst hätte mit dem heutigen Massaker nur noch entfernte Ähnlichkeit. Denn die Familienstruktur wäre dann absolut variabel: Wie bei einem Baukastensystem könnten sich zwei oder mehr Menschen zusammentun und wieder trennen, ohne daß es dabei mehr als emotionale Komplikationen gäbe. Da in den meisten Ehen beide Erwachsene einen Beruf ausüben würden und auch die Kinder ein selbständiges Einkommen bezögen, müßte man sich im Fall einer Scheidung weder um Unterhaltszahlungen noch um Abfindungen streiten. Und auch eine Aufsplitterung der Rentenansprüche wäre überflüssig, denn jeder der beiden Berufstätigen hätte ja seine eigene Altersversorgung.

Auch müßten die Kinder nach der Reform keinem vorenthalten bleiben. Da beide Eltern Zeit für sie hätten, könnten sie sich entscheiden, bei wem sie sich jeweils aufhalten wollen. Die »elterliche Gewalt« müßte nur noch dann auf einen der Partner übertragen werden, wenn das Kind zu klein für eine Entscheidung wäre und die Eltern sich über seinen Hauptwohnsitz nicht außergerichtlich einigen könnten. Allerdings käme es aus diesem Grund häufiger zu Auseinandersetzungen als heute. Während sich jetzt nur Männer, die nach ihrer Scheidung nicht arbeiten müssen, um das Sorgerecht für ihre Kinder bewerben können – also vermögende Männer –, könnte dann praktisch jeder Vater einen solchen Antrag stellen, denn jeder hätte ja für die Versorgung seiner Kinder ebenso günstige Voraussetzungen anzubieten wie die Mutter. Doch auch der Verlierer dieses Kampfes müßte nicht mehr so unglücklich sein wie heute. Ihm bliebe nach der Arbeitszeitverkürzung – vorausgesetzt, er lebte am gleichen Ort – genug Zeit, um seine Kinder aus früheren Ehen so häufig zu sehen, wie er es wünscht.

Wahrscheinlich wäre dieser »Verlierer« jedoch auch nach der Reform meist der Mann. Mit derselben Selbstverständlichkeit, mit der man erwartet, daß die Mutter und nicht der Vater das Kind während seiner beiden ersten Lebensjahre betreut, würde man auch der Mutter und nicht dem Vater im Streitfall das Sorgerecht übertragen. Da man sich an irgendeinem Gesichtspunkt orientieren müßte, würde die Rechtsprechung diese »Dienstleistung« im Kleinkindalter vielleicht sogar zur Richtschnur nehmen. Frauen, die sich benachteiligt fühlten, weil es auch nach der Reform zur Rollenerwartung gehörte, daß sie und nicht ihre Männer das Füttern, Baden und Wickeln des Neugeborenen übernähmen, könnten sich damit trösten, daß ihnen höchstwahrscheinlich aus genau demselben Grund das Kind im Fall einer Scheidung zugesprochen würde.

Das alles mag sich so anhören, als würde sich unsere Gesellschaft nach der hier vorgeschlagenen Reform in ein Sodom und Gomorrha verwandeln: Jeder wäre frei, seinen Mann oder seine Frau jederzeit zu verlassen und sich mit jedem beliebigen anderen zusammenzutun. Diese Sorge ist jedoch völlig unbegründet: Sicher käme es zu einem Anstieg der Scheidungsziffern, jedenfalls zunächst. Doch nach einigen Jahren oder Jahrzehnten bliebe deren Zahl wohl konstant. Denn es gäbe dann in den Ehen zwar mehr Freiheit als heute – aber gerade wegen des Wegfalls des Zwangs zum Bleiben eben auch mehr Liebe. All die Frauen, die sich jetzt bei der Partnerwahl mehr oder weniger nach ökonomischen Gesichtspunkten entscheiden, könnten dann Männer nehmen, die sie lieben und mit denen sie folglich auch aufregendere Ehen führen würden.

Doch nicht nur das erotische, auch das intellektuelle Bündnis zwischen Ehepartnern stünde auf einer solideren Basis. Während sich jetzt Mann und Frau nach einigen Ehejahren oft durch einen Abgrund voneinander getrennt fühlen (sie durfte alles vergessen, er mußte immer dazulernen), würden sie dann in ihrer intellektuellen Entwicklung miteinander Schritt halten, denn dank des beruflichen Wettbewerbs könnte sich keiner den Luxus des Verdummens leisten.

Damit genösse die Familie, deren Interessen man heute durch komplizierte Gesetze zu wahren sucht, den umfassendsten und zuverlässigsten Schutz, den man sich denken kann. Die Liebe und das Verständnis, das die Erwachsenen füreinander empfänden, wären der beste Garant für das Wohlergehen der Kinder. Und auch die Tatsache, daß Väter zu ihren Kindern einen viel innigeren Kontakt hätten, würde die Stabilität der Gemeinschaft zumindest in Maßen festigen. Ein Kind, das man täglich mehrere Stunden lang um sich hat, kann man noch weniger verletzen als eines, das man nur am Wochenende erlebt. Falls aber die Trennung der Ehe trotz allem unausweichlich würde, wären die Kinder gerade dadurch, daß diese möglich ist, am besten abgesichert. Ein ruhiges Leben mit Vater oder Mutter wäre für sie auf jeden Fall weniger schlimm als der ewige Streit zwischen zwei Menschen, die sich aneinandergekettet fühlen. Denn Ehen sind ja nicht schon deshalb ein Erfolg, weil die Kontrahenten am Ende dasselbe Grab belegen. Manche Ehe läßt sich gerade dadurch »retten«, daß man sie rechtzeitig abbricht.

Dank dieser Reform (der Erleichterung der Ehescheidung, die eine Folge der ökonomischen Selbständigkeit der Frauen wäre) könnte man also – wenn es schon sein soll – die Institution Ehe beibehalten. Dies käme allen zustatten: denen, die verheiratet sind; denen, die heiraten wollen; denen, die heute aus Angst vor den Folgen nicht zu heiraten wagen, und denen, die nicht heiraten können, weil ihr Partner bereits mit jemand anderem verheiratet ist, der/die sich vorgenommen hat, ihn für so lange wie möglich seiner Freiheit zu berauben und mit Unterhaltszahlungen auszubluten.

Das Heiraten wird es also wohl noch eine ganze Weile geben. Selbst wenn unter obigen Vorzeichen das Motiv Habgier seltener wird, befriedigt der Akt doch zu viele unserer niedersten Interessen, als daß wir freiwillig darauf verzichten würden. Außerdem verläuft die Existenz der meisten Leute wohl auch dann noch in solcher Eintönigkeit, daß sie ohne ihre Hochzeiten, Seitensprünge, Versöhnungen, Scheidungen und Wiederheiraten gar nicht wüßten, wovon sie reden sollten. Das Hochzeitfeiern wird nach wie vor zu unserem Leben gehören und auch das bleiben, was es ist: eine obszöne, vulgäre, groteske, angeberische, unsolidarische, exhibitionistische Handlung. Doch nach Profitgier wird die Heirat nur noch bei einer extrem »guten Partie« riechen. Und eine solche könnte dann sowohl ein gutverdienender Mann als auch eine gutverdienende Frau sein. Das weibliche Ansehen wäre also zumindest in dieser Hinsicht gerettet.

DIE SÜNDE KIND

Nach der Lehre der längst ausgestorbenen Sekte der Katharer war Fortpflanzung eine Sünde, wurde unsere Welt doch nicht von Gott, sondern vom Teufel erschaffen. Logischerweise fand man es unmoralisch, dessen Machtbereich durch die Zeugung eines weiteren Untertanen zu vergrößern.

Doch auch für jene, die dieser Ansicht nichts abgewinnen, bleibt das Erschaffen eines neuen Lebewesens eine unheimliche Sache. So unheimlich, daß einige davon freiwillig Abstand nehmen. Natürlich gibt es immer genügend andere, die sich ebenso bewußt für das Gegenteil entscheiden. Doch ist nicht die Tatsache, daß da zwei sich so großartig finden, daß sie der Welt unbedingt eine Kopie von sich hinterlassen müssen, oder der Umstand, daß sie sich zutrauen, das Leben eines neuen Menschen so zu steuern, daß dieser dann später »glücklich« wird, ein solcher Mangel an Bescheidenheit und Selbstkritik, daß man sagen kann, daß Personen, die *bewußt* Eltern werden, immer eine eher negative Auslese der menschlichen Spezies darstellen?

Doch wie dem auch sei: In Ländern mit funktionierender Geburtenkontrolle wird ein Kind heute nur noch dann auf die Welt gerufen, wenn es seinen Eltern Vorteile bringt. Im Glücksfall beiden Teilen, im schlechteren nur der Mama. Denn da ihr Partner keinerlei Möglichkeit hat, über seine eigene Fortpflanzung zu bestimmen, ist es in diesem Fall sie, die es haben wollte. Für den Mann gibt es weder

Pille noch Schwangerschaftsabbruch, und auf das Kondom hat er im Vertrauen auf ihre Integrität schon seit einiger Zeit verzichtet.

Natürlich ist es angesichts der erdrückenden Beweislast gegen die Lebensspender ein bißchen schwierig, gerade ihnen, den Zeugungs- und Gebärfreudigen, die Rolle der Moralischen zuzuschanzen. Wir sagen, daß wir Kinder bekommen, weil wir Kinder nun einmal lieben. Doch wir lieben ja nicht Kinder – wir lieben *unser* Kind. Und dieses haben wir nicht aus Liebe gezeugt – wie könnte man einen Menschen lieben, dem man noch gar nicht begegnet ist? –, sondern weil wir uns aus dieser Handlung Pluspunkte erhofften. Wenn es anders wäre – wenn Kinder hauptsächlich Nachteile brächten –, würden ja zumindest in Ländern mit gesetzlich erlaubten Schwangerschaftsabbrüchen längst keine mehr geboren.

Und das Kinderkriegen hat viele Vorteile:

-   Ein Kind ist für religiöse Menschen ein Garant für ein Weiterleben im Jeseits. Denn aus machtpolitischen Gründen wünschen so gut wie alle Kirchen und Sekten, daß ihre Anhänger sich vermehren. Viele drohen für den Fall eines Schwangerschaftsabbruchs mit Ausschluß und Höllenqualen.
-   Ein Kind ist für nichtreligiöse Menschen ein Garant für ein Weiterleben auf Erden. Falls die Menschheit durchhält, ist noch in hundert Jahren anhand vergilbter Fotos festzustellen, daß ein bestimmtes Neugeborenes sein Muttermal vom Urgroßvater hat. Zumindest von Zeit zu Zeit wird also jemand an uns denken.
-   Ein Kind bedeutet Macht. Welcher Mensch wird je wie-

der so andächtig unseren Worten lauschen und auf so totale Weise auf uns angewiesen sein?

– Ein Kind bedeutet Sicherheit. Falls unsere Rentenanstalten bankrott gehen, wird dann – so wir in der Kinderzeit lieb zu ihm waren und es hinbekamen, ein Gewissen in ihm zu züchten – unser Nachkomme für uns sorgen.

– Ein Kind ist eine diskrete Möglichkeit, auf unsere Unwiderstehlichkeit hinzuweisen. Jeder kann sehen, daß wir zumindest irgendwann einmal von einem anderen Menschen bis zum Wahnsinn geliebt worden sind. Hätte er sonst ein Kind von uns gewollt?

– Ein Kind ist eine Geisel, mit deren Hilfe wir einen geliebten Menschen auch nach Abklingen seiner Leidenschaft bei uns halten können. Wenn er uns dann eines Tages nicht mehr mag, mag er vielleicht noch das Kleine.

– Ein Kind kann unsere Sehnsucht nach Schönheit befriedigen: Es gibt keine häßlichen Kinder.

– Ein Kind kann unsere Sehnsucht nach Reinheit befriedigen: Alle Kinder sind unschuldig.

– Ein Kind hat Unterhaltungswert: Nichts ist für Eltern amüsanter, als von den Streichen ihrer Nachkommen zu berichten.

– Ein Kind ist die zuverlässigste Art von Arbeitsplatzbeschaffung, weil uns hier niemand kündigen kann. Wer sich ein Kind anschafft, wird im selben Augenblick unabkömmlich.

Selbstverständlich werden wir diesen kleinen Menschen, der uns noch vor seinem Erscheinen dermaßen viele persönliche Vorteile garantiert, beim späteren Kennenlernen auch zu lieben beginnen. Doch das ist weder ein Kunststück noch eine Leistung, gibt es doch auf der ganzen Erde nichts, was leichter zu lieben wäre als ein Kind: unser Kind – jenes, das uns »gehört«.

Mit anderen Worten: Es gibt heute keinen einzigen wirklich respektablen Grund, Kinder zu gebären, während die Gründe, sich der eigenen Fortpflanzung zu enthalten, allesamt hochrespektabel sind. In eine Welt, in der man Kinder mißhandelt und in Kriegen zerfetzt, in der man sie prostituiert und verhungern läßt, wird ein den Gesetzen des sittlichen Handelns verpflichteter Mensch keine weiteren Kinder bringen. Jene, die wir so gern als Egoisten beschimpfen, weil sie ihre Vermehrung willentlich verweigern, sind wahrscheinlich die einzigen wahrhaft kinderlieben.

Doch die Kritik am Lebensspender ist ein Tabu, das glücklicherweise ins Wanken kommt. So kann man heute bereits schreiben – und in meinem letzten Buch* habe ich es getan –, daß das päpstliche Verbot aller zuverlässigen Mittel der Geburtenkontrolle als eine Politik für den Tod (pro mortem) zu bezeichnen ist, da sich die katholische Kirche damit in ihrem Einflußbereich des Sterbens bzw. der seelischen und körperlichen Verkrüppelung von Abermillionen Kindern schuldig macht. Denn das, was man im Augenblick in der katholischen Kirche mit nicht zu überbietendem Zynismus eine Politik für das Leben (pro vitae) nennt, ist in Wirklichkeit ein Freibrief für indirektes Morden: Ein Kind, das einer Mutter geboren wird, die es nicht haben will, ist ein dem psychischen Tod geweihter Mensch. Und ein Kind, das einer Mutter geboren wird, die es nicht haben kann (weil sie es nicht ernähren könnte),

* Katholikinnen aller Länder, vereinigt euch! Bergisch Gladbach 1995.

ist ein dem physischen Tod geweihter Mensch. Die paar barmherzigen Schwestern, die sich hier und dort um diese Elenden kümmern, bilden ein notdürftiges Alibi. Zudem braucht ein Kind keine Mutter Theresa, sondern eine Mutter. Und wann immer möglich, sollte es auch einen Vater haben.

Doch nicht nur die zynische Bevölkerungspolitik der katholischen Obrigkeit hat uns zum Nachdenken gebracht, sondern auch die ganz andere der Chinesen. Während in den USA die Abtreibungsgegner der anderen Seite buchstäblich an Leib und Leben gehen, gilt es in China bereits seit Jahrzehnten als eine Sünde, bei der zweiten oder spätestens dritten Schwangerschaft *keine* Abtreibung vornehmen zu lassen. Doch hat man je gehört, daß der konservative Teil der amerikanischen Wähler aus diesem Grund – den er in seiner Nomenklatur ja »staatlich verordneten Massenmord« nennen müßte – einen Handelsboykott der Volksrepublik China gefordert hätte? Wer wollte eine Regierung rügen, die alles tut, um ihn, den wertvollen Weißen, vor der »gelben Gefahr« zu retten? Dieselbe Tat, die er im eigenen Land verteufelt, scheint ihm dort als Geschenk des Himmels zu gelten.

Aber auch auf individueller Basis macht sich ein großes Umdenken bemerkbar. Vor allem den Phantasievollen, Sensiblen (den Intelligenten nach der hier verwendeten Definition) fällt das Menschenmachen zusehends schwerer. Wenn er den neuen Menschen im Vollbesitz seiner Urteilsfähigkeit kreiert – das heißt, außerhalb des Ausnahmezustands Liebe –, gibt es später für ihn keine mildernden Umstände. Was ist, wenn sein Kind mit einer unheilbaren Krankheit geboren wird? Was passiert, wenn er seine Arbeit verliert und es nicht mehr ernähren kann? Wie soll er seinem Sohn (seiner Tochter) später einmal sagen, daß er (oder vielleicht auch sie) an die Front muß?

Dem Intelligenten fehlt die zum Herstellen von Kopien unerläßliche Zufriedenheit mit dem Original: Schon daß es ihn einmal gibt, empfindet er als Zumutung für die anderen. Eine Cindy Crawford mag sich im Spiegel betrachten und sagen: »Perfekt – solche wie mich kann die Erde nicht genügend haben!« Doch wie ist es mit uns anderen?

»Phantasie ist ein Göttergeschenk«, hat Christian Morgenstern gesagt, »Mangel an Phantasie aber auch. Ich behaupte, ohne diesen Mangel würde die Menschheit den Mut zum Weiterexistieren längst verloren haben.« Doch wenn dem Phantasiebegabten die Entscheidung fürs Kinderkriegen schon früher unsagbar schwergefallen ist – heute ist sie ihm so gut wie unmöglich. Wie käme er dazu, einer Welt, die unter ihrer Bevölkerung zusammenbricht, ein weiteres Leben aufzubürden? Warum sollte er einer Gesellschaft, die ihren Boden, ihr Wasser, ihre Atemluft zerstört, einen essenden, trinkenden Aerobier erschaffen? Wie könnte er einer Obrigkeit, die ihn so selbstbewußt gen Hölle regiert, auch noch eine arme Seele fürs Fegefeuer liefern?

Für ihn, den Phantasievollen, Sensiblen, ist Schwangerschaftsabbruch fast schon das Gegenteil von Sünde, findet er es doch hundertmal weniger verwerflich, ein befruchtetes Ei zu vernichten, als ein Kind seinem von Tag zu Tag wahrscheinlicher werdenden Strahlentod auszuliefern. Die Argumente der Abtreibungsgegner werden ihm nach jeder Hiobsbotschaft noch etwas befremdlicher. Und es wundert ihn nicht, daß sie selten identisch sind mit den Argumenten jener, die gegen Rüstung und Kernkraft auf die Barrikaden gehen.

Natürlich weiß er, daß, falls die Erde wider alle Wahrscheinlichkeit doch noch ein paar Jahrzehnte bewohnbar bleibt, ein mehr oder weniger einsames Alter auf ihn wartet. Doch obwohl in das erschreckt, sieht er darin keine Rechtfertigung für hausgemachte Gesellschaft.

Und natürlich weiß er auch, daß er mit seiner Entscheidung sein eventuell bereits vorhandenes Kind zu einer mehr oder weniger einsamen Kindheit verurteilt. Er würde ihm ja Geschwister adoptieren – es gibt wahrhaftig genug schwarze, braune und gelbe Kinder, die phantasiebegabte Eltern brauchen könnten. Doch die Mafia der Dummen hat auch hierfür gesorgt, daß das Freundlichere meist ungeschehen bleibt. Zum einen wird die Ausreise eines solchen Kindes durch bürokratische und finanzielle Hürden blockiert, zum anderen hätte es nicht viel Gutes zu erwarten. Wegen ihres Mangels an Vorstellungskraft wird die Mehrheit ja immer auf einer Umgebung bestehen, in der alle aussehen wie sie selber: In Andersfarbige können sie sich noch weniger hineindenken als in ihresgleichen. Und darum sind die Regierenden gerade in den reichsten Regionen dieser Welt – wo es am einfachsten ist, die eigene Reproduktion zu hintertreiben – auf die Herstellung von Menschen, die ihren Wählern ähnlich sehen, dermaßen versessen, daß sie dafür sogar schon Geldprämien bieten. Wenn die fremdartigen Hungerleider den sehr geehrten Wähler dann eines absehbaren Tages überfallen, möchte dieser genügend Gleichartige um sich haben, um sie in die Flucht schlagen zu können. Für das Sattwerden dieser unheimlichen Gesellen werden Dumme freiwillig ja allenfalls erst dann bezahlen, wenn sie selber genug haben. Und wie man zur Genüge weiß, kriegen sie nie genug.

Während der Intelligente beim Menschenmachen immer größere Bedenken hat, bleibt der Dumme auch hier souverän. Man sollte sich doch einmal umsehen: Geht es uns trotz allen Gejammers nicht von Tag zu Tag besser? Dabei ist es aber durchaus möglich, daß auch der Dumme sich gegen das Kinderkriegen entscheidet – Kinderlosigkeit ist kein Intelligenzbeweis. Im Gegensatz zum Phantasievollen macht ihm die Einsamkeit ja keine allzu großen Sorgen – eine Familienserie im Fernsehen wird ihm unter Umständen so lieb sein wie eine lebende Familie. Und für das Poetische fehlt ihm sowieso die Ader: Da neue Menschen alles mit neuen Augen sehen, holt man sich ja mit einem kleinen Kind stets auch einen Dichter ins Haus. So mancher Dumme möchte jedoch lieber eine Industriekarriere als einen Hauspoeten.

Andererseits ist es auch möglich, daß er sich trotz der Lust auf die Karriere ganz bewußt – zuweilen sogar unabhängig davon, ob er dafür überhaupt einen Kompagnon gefunden hat – für das Kind, zuweilen sogar für viele Kinder, entscheidet. Gerade phantasielosen Männern und Frauen macht es wenig aus, die von ihnen in Auftrag gegebenen Bürger gleich nach der Lieferung einer »Kinderfrau« anzuvertrauen. Die Gedankengänge des Beschränkten sind ja auch auf diesem Gebiet nicht mit Logik zu erklären: Unter Umständen gibt es ihm mehr, einer Sekretärin die Geschäftspost zu diktieren, als dem zur eige-

nen Freude hergestellten Menschen seine ersten Sätze vor-
zusagen.

Und wie gesagt: Wer weiß, wozu Kinder später einmal
gut sind? Die Aussicht auf eine ausreichende Rente wird
immer schlechter – da braucht man natürlich Blutsver-
wandte! Vielleicht sind ausgerechnet dann, wenn man
selber einmal krank wird, die Hospitäler überfüllt? Möglicherweise braucht man – Gott behüte! – jemanden zum
Rollstuhlschieben?

Und ist es nicht schön, daß etwas von einem hier auf
Erden übrigbleibt...? Was den Phantasievollen so geniert –
den Mitmenschen Kopien seiner selbst aufzudrängen –,
hat für den Dummen nur Positives. Auf diese Weise hat er
dann gleich auf beiden Ebenen vorgesorgt: Wenn er eines
fernen Tages von der neuen auf die alte Heimat herun-
terblickt, werden hier Leute wandeln, die wenigstens ein
paar seiner unwiderstehlichen Eigenschaften besitzen: seinen Silberblick, seinen Spreizfuß, seine Fistelstimme...
»In seinen Kindern weiterleben«, nennt er dieses Phänomen. Und ist es nicht perfekt eingerichtet? (Durch das als-
bald mögliche und auch salonfähige Klonen wird die
Sache natürlich noch ein bißchen perfekter.)

Bis es soweit ist, sind ihm die Kinder jedoch höchstpersönlich zum Dankbarsein verpflichtet: Schließlich hat er
ihnen »das Leben geschenkt« und »seine besten Jahre geopfert«. Und je phantasievoller und sensibler ihm die
Nachfahren geraten (da Dummheit nicht erblich ist, kann
die der Eltern nicht automatisch die der Kinder garantieren), desto schlechter ist ihr Gewissen, wenn sie ihm dann
als Erwachsene nicht zur Verfügung stehen. Jedenfalls
werden nur wenige die nüchterne Perspektive jenes Man-

nes haben, der die Leserinnen einer französischen Frauen-zeitschrift fragte, was er denn um Himmels willen mit einer Mutter zu schaffen habe, die seinem Vater vor fünf-zig Jahren einmal gefiel.

Falls er nur dumm genug ist, kann sogar ein Waffen-fabrikant fürs Kinderkriegen plädieren. Er kann zum Bei-spiel sagen, daß er schon darum mehrere Erben brauche, weil sonst »die ganze Plackerei keinen Sinn« für ihn habe: Was, wenn er den einzigen Sohn im Krieg verlöre?

Das Menschenmachen wird also genau wie das Heira-ten auf absehbare Zeit nicht enden, weil es, genau wie das Heiraten, zu viele unserer Instinkte bedient, und eben lei-der nicht nur die edelsten. Trotz zunehmender weiblicher Berufstätigkeit wird in Ländern wie Deutschland der Durchschnitt von 1,2 Kindern pro Familie erhalten bleiben, denn auch hier gibt es nicht genug Gescheite, als daß deren eventuelle Gebärverweigerung statistisch ins Ge-wicht fallen könnte.

Zurückgehen könnte die Zahl der Geburten, wie bisher schon, in Ländern, die zu Wohlstand kommen. Doch an-gesichts der bereits jetzt katastrophalen Überbevölkerung in allen Regionen der Erde, die noch nicht wohlhabend sind: In welchem Land besteht auch nur die geringste Aus-sicht, daß der Lebensstandard seiner Bürger steigt, anstatt stetig weiter zu sinken?

Was sich auf breiter Basis ändern wird, ist lediglich unsere Einstellung zu dieser Frage. Anstatt auf unsere Schwangerschaften stolz zu sein, werden wir uns vielleicht ein bißchen genieren. Dank der Überbevölkerung und des Hungers auf unserem Planeten wird das Gebären – sei es nun ehelich oder nicht – von der Tugend zum Laster. Beim

Heiraten können wir uns noch darauf hinausreden, daß wir es wegen des zu erwartenden Kindes tun – und tatsächlich ist heute in den gutsituierten Ländern bei jeder zweiten Eheschließung die Braut »guter Hoffnung«. Doch auf was reden wir uns beim Kinderkriegen heraus?

DAS PERFEKTE VERBRECHEN
WIRD EXKLUSIVER

Das perfekte Verbrechen ist nicht jenes, bei dem man den Täter nicht entlarven kann: Da man zumindest theoretisch jeden Täter irgendwie irgendwann entlarven könnte, wird es ein solches nicht geben. Das perfekte Verbrechen ist eines, bei dem man den Täter, selbst wenn man ihn entlarvt, nicht *bestrafen* kann. Und von dieser Art gibt es meines Wissens nur ein einziges: einem Mann ein Kind machen, das er auf keinen Fall haben wollte – ihn gegen seinen Willen »schwängern«. Ich nenne es die passive sexuelle Vergewaltigung des Mannes, doch da es sich jedem juristischen Zugriff entzieht, wird man im Gesetzbuch vergeblich nach ihm suchen.

Wie sehr dieses Verbrechen in unserer Gesellschaft tabuisiert ist, habe ich erst bei den Diskussionen erkannt, die der Veröffentlichung meines Buches »Heiraten ist unmoralisch« folgten, in dem ich es erstmals ausführlicher beschrieben hatte. Falls in unserem »weiblichen Selbstverständnis« ein neuralgischer Punkt existiert, ist es dieser. Ich erinnere mich, wie sich bei einer dieser öffentlichen Diskussionen ein junger Mann erhob, um mir zuzustimmen: Ja, so sei es, denn genau dies sei ihm widerfahren! Die Reaktion der anwesenden Frauen glich einem verbalen Massaker: Er habe bei der Sache ja auch sein Vergnügen gehabt, nicht wahr? Und habe er nie von Kondomen gehört? Schon, doch er habe jener Frau vertraut. Vertraut? Reine Bequemlichkeit! Man kenne doch die Männer!

Nun wird dieses Verbrechen mit gleich langer und gleich gut bezahlter Erwerbstätigkeit der Frau nicht vom Erdboden verschwinden. Was sich verkleinern wird, ist die Zahl der potentiellen Opfer. Denn in Zukunft wird die potentielle Täterin ihre Aktivität auf jene Personen konzentrieren, bei denen sich die Sache rentiert: die Elite der wahrhaft wohlhabenden oder prominenten Männer. Ein bekannter Filmstar etwa wird wohl bis zu seinem letzten Tropfen Samen keine Ruhe finden. Und wenn ein Mann mit achtzig noch einmal Vater wird, darf man voraussetzen, daß er reich und/oder berühmt ist. Aus diesem elitären Zirkel gibt es wohl keinen, bei dem eine unerschrockene Verfolgerin nicht bereit wäre, ihm – mit welchen Mitteln auch immer – die allerletzten Spermien abzutrotzen.

Den armen alten Rentner dagegen werden wir Frauen bis zum Sanktnimmerleinstag unbehelligt im schmalen Bettchen seines Altenheimes schlummern lassen. Und bei einem jungen Armen wird die moderne Eva nur noch im Fall einer unsterblichen, doch leider nicht erwiderten Leidenschaft zur letzten Waffe greifen. Dieser Mann ist so phantastisch: Wenn er bei ihr nicht schwach wird, wird er es vielleicht bei seinem Kind? Und schließlich ist es ja ihre maßlose Liebe, die sie hier zum Handeln zwingt!

Die passive Vergewaltigung ist das perfekte Verbrechen, da die Verfolgung der Täterin durch das Opfer zugleich die Mutter seines eigenen Kindes träfe. Und natürlich hat uns Frauen auch hierfür der Mann selbst die Waffe geliefert, als er uns die Macht über die von ihm erfundenen empfängnisverhütenden Mittel gab. Denn abgesehen von den im vorausgehenden Kapitel angeführten Gründen für das Kinderkriegen wollen wir den Nachwuchs natürlich auch, weil Mütterchen Natur ihn von uns will. Auf das Vermehren programmiert, möchten wir uns mit der Nachkommenschaft ein biologisches Bedürfnis erfüllen. Dabei konnte uns nicht entgehen, wie unersättlich diese Dame ist: Wir wollen ein oder höchstens zwei neue Lebewesen von ihr haben, sie möchte mit unserer Hilfe gleich ein paar Dutzend in Umlauf bringen. Und darum baten wir Väterchen Erfinder, hier einen Riegel vorzuschieben, hießen ihn die Pille für davor und danach entwickeln und gleich noch ein paar weitere Methoden, falls diese oder jene versagt. Und als er damit fertig war, ließen wir ihn das alles an Ratten, Hunden oder Schimpansen ausprobieren und sahen, daß es gut war. Gut für uns. Denn jetzt müssen wir nur noch so viele Kinder kriegen, wie wir wirklich möchten.

Wir von ihm. Für sich selbst hat Väterchen Erfinder bis heute so gut wie nichts erfunden, was ihn vor der eigenen Vermehrung bewahren könnte: Die in jüngster Zeit mit einigem Erfolg ausprobierten Mittel haben noch immer zu starke Nebenwirkungen, als daß man sie ihm empfehlen könnte. Der Abbruch einer bereits begonnenen Schwangerschaft ist ihm ohnehin unmöglich. Hier entscheidet das Gefäß über den Inhalt: Es ist zwar sein Kind, aber unser Bauch. Und so hat er neben seinem ersten, naturgegebenen Joch, das ihn dazu verurteilt, sich nur mit Frauen paaren zu können, die er auch wirklich begehrt (während wir, die wir keine Erektion brauchen, auch aus Profitgier oder Mitleid mit ihm ins Bett gehen können), noch ein zweites, selbstgeschaffenes zu tragen. Dank seines Erfindungseifers ist es heute er, der beim Liebesakt »geschwängert«

wird: Wenn die Schöne in seinen Armen ein Kind von ihm möchte, muß er es auch bekommen.

Kurz: Der Mann hat den Strick geflochten, an dem er nun baumelt. Denn uns, den Frauen, hat er so die Möglichkeit für unseren ganz und gar eigenen, nicht strafrechtlich verfolgbaren Gewaltakt geschenkt.

Stichwort: Heiraten, weil ein Kind kommt. Daß in dem Teil der Welt, mit dem wir uns hier hauptsächlich befassen – dem wohlhabenden –, mehr als die Hälfte der Ehen über eine Schwangerschaft zustande kommt, ist ein erstaunlich wenig kommentierter Sachverhalt, wohl nicht zuletzt wegen der Folgen, die er für den zeremoniellen Teil der Vertragsunterzeichnung hätte, müßte die Frage vor dem Altar dann doch eigentlich auf die Bejahung des Ungeborenen zielen: »Willst du dieses Kind?«

Die Frage an die Braut könnte man sich eigentlich ersparen: Wenn sie dieses Kind nicht wollte, bekäme sie es nicht. Es ist der Bräutigam, den man fragen sollte, und sei es nur aus Höflichkeit, denn nützen könnte ihm eine Weigerung kaum. Oft ist sein Kleines zu diesem Zeitpunkt auch schon zur Welt gekommen – man wollte mit der Legalisierung lediglich warten, bis die Mutter wieder in ein weißes Kleid der Größe sechsunddreißig paßt.

Woher kommt sie, diese magische Nebenwirkung der Schwangerschaft? Ein Kind hat sich angemeldet – unser Kind –, und schon können wir uns für etwas entscheiden, was uns ein paar Tage vorher noch wie das Ende der Welt erschienen wäre.

Die Stimme des Blutes? Die rief wohl eher zur Stunde des Zeugungsakts, und die ist schon länger her. Die Stimme des

Gewissens? Unmöglich. Denn solange wir leben, werden wir dieses hilflose Wesen ja ohnehin nicht verhungern lassen, und für den Todesfall wäre eine Lebensversicherung effizienter. Damit das Kind einen Namen hat? Aber es hat doch einen – ist uns der seiner Mutter nicht gut genug? Weil wir dokumentieren möchten, daß die Bindung an den anderen Elternteil unauflöslich ist? Aber gerade das ist sie ja nicht, weil es die Scheidung gibt. (Das Unauflösliche an dieser Bindung ist das Kind selber: Die Eigenarten ihres gemeinsam gezeugten Kindes werden diese beiden Erwachsenen für immer aneinander erinnern.) Weil es uns nach einer symbolischen Handlung dürstet, die der Größe des Ereignisses entspricht? Aber welche Symbolik sollte dazu taugen? Wir haben gemeinsam mit dem anderen einen neuen Menschen erschaffen – die verwegenste aller menschlichen Taten. Die Ankunft eines Kindes mit dem Firlefanz einer Hochzeit zu feiern, das ist, als wollte man den Fang eines Wals damit krönen, daß man eine Dose Ölsardinen verspeist.

Nun, dann wollen wir eben heiraten, weil wir kinderlieb sind. Kinder sind das schwächste Glied unserer Gesellschaft und haben damit ein Anrecht auf unseren ganz besonderen Schutz. Schutz wovor? Nun, vor der Diskriminierung durch seine Mitbürger beispielsweise: Man kann sagen, was man will, doch unehelich geborene Kinder haben es auf dieser Welt auch heute noch schwerer. Ferner Schutz vor der Diskriminierung durch Staat und Gesetz: Es ist doch immer noch so, daß in den meisten Ländern gerade beim Erbrecht zwischen legitimen und illegitimen Nachkommen unterschieden wird.

Ach so. Aber wären das alles dann nicht eher Gründe zur Verweigerung der Ehe? Müßte im Fall einer Schwangerschaft nicht gerade jemand, der Kinder liebt, den Gang zum Standesamt unterlassen? Müßte einer, der kinderlieb ist, sich nicht auf die Seite der unehelichen Kinder schlagen und dazu beitragen – durch sein eigenes, unehelich geborenes Kind –, daß ihrer immer mehr werden und so die Diskriminierung durch Staat und Gesellschaft endlich aufhört?

Und was das Ungeborene selbst betrifft: Machen wir es durch diese Heirat nicht zum Schuldigen, noch ehe es auf die Welt kommt? Seinetwegen haben Vater und Mutter auf ihre Freiheit verzichtet – bei jedem Ehekrach wird ihm das später durch die Wände zugebrüllt. Rührt nicht das Unglück vieler Kinder gerade daher, daß ihre Eltern per Gesetz aneinander gebunden sind? Nur wo man ohne Formalität fort kann, ist man wirklich zu Hause. Wo die Käfigtür offensteht, muß sich niemand mit dem Wärter zanken.

Auch liegt es ein Gutteil an der Ehe selbst und an denen, die sie so generös »in seinem Interesse« eingegangen sind, daß dieses Kind dann bei der oft trotzdem unvermeidbaren Scheidung leidet. Scheidungswaise – ein brutalerer Ausdruck ist zur Bezeichnung eines Kindes wohl nie erfunden worden – ein Vater, der die Kindesmutter nicht mehr liebt, ist demnach ein toter Vater. Doch vielleicht kann man mit dieser verbalen Brutalität den einen oder anderen Kinderlieben tatsächlich am Verlassen des Ehebettes hindern: Er will doch seine eigenen Kinder nicht zu Waisen machen?!

Daß in den wohlhabenden Ländern des Westens mehr als die Hälfte der Eheschließungen über eine Schwanger-

schaft zustande kommt, ist für den Statistiker leicht festzustellen: Er vergleicht die Heiratsdaten der Eltern mit den
Geburtsdaten ihrer Kinder (und rechnet gewissenhaft die
Frühgeburten heraus). Schwerer läßt sich ergründen, wie
viele dieser Eheschließungen sich *harmonisch* aus dem
Vorleben der Partner ergeben (die Ehe war längst beschlossen, man hatte noch auf einen konkreten Anlaß gewartet, und dieser war dann das Kind) und wie vielen der
Tatbestand »Nötigung« zugrundeliegt. Niemand wird ausgerechnet dieses Geheimnis – das ja neben der eigenen In-
timsphäre auch die seines Kindes berührt – einer Statistik
anvertrauen. Da aber jeder von uns offenbar gleich mehrere solcher Bündnisse zwischen Opfer und Henkerin kennt,
darf man davon ausgehen, daß diese einigermaßen häufig
sind.

Außerdem geht gerade hier die Rechnung zuweilen
nicht ganz auf. Und darum wird diese den Kandidaten im
Erfolgsfall zum Vertragsabschluß motivierende Methode
von Frauen auch nur als Ultima ratio angewendet. Bei der
Kalkulation männlicher Reaktionen gibt es, wie bei jeder
anderen, Fehlerquoten: Da muß ein bestimmter Mann zwar
gegen seinen Willen Vater werden und Kind und Kindesmutter seinem Einkommen entsprechend versorgen, doch
das, was man sich eigentlich von ihm erhoffte, den Gang
zum Standesamt, hat er sowohl während der Schwangerschaft als auch nach der Geburt seines Kindes ungerührt
verweigert. Vielleicht wollen Männer alle dasselbe, aber
gleich sind sie nicht.

Daß der Störrische auch dafür einen Preis zahlen wird,
ist unter den gegebenen Umständen ein spärlicher Trost.
Und auch die Tatsache, daß dieser Preis die Serie männ-

licher Eigentore in Sachen Heirat auf die absurdeste Weise abrundet, kann man kaum belächeln. Als Gesetzesmacher haben die Männer es sich nämlich selbst untersagt, mit einem Kind Kontakt zu haben, dessen Mutter sie nicht heiraten wollten: Wenn die uneheliche Mutter dagegen ist, hat der uneheliche Vater in den meisten westlichen Ländern auch heute noch kein Umgangsrecht in bezug auf sein Kind. Selbst wenn die Mutter des Kindes stirbt, kann er das Sorgerecht nicht erstreiten. Das Kind kommt dann vielleicht zu Menschen, die er verabscheut oder nicht einmal kennt – doch er muß weiterhin für das Materielle sorgen, und ein Recht, seinen Nachwuchs zu sehen, hat er auch jetzt noch nicht. Auch diese Verfügung stammt aus der Blütezeit des sogenannten Patriarchats, und man darf wohl sagen, daß die Justiz das Verbrechen noch nie so effizient gefördert hat.

Und dieses Verbrechen ist, wie gesagt, perfekt. Perfekt, weil es in keinem Gesetzbuch steht, und perfekt, weil man es auch dann nicht verfolgen könnte, wenn es offiziell als Straftat gälte: Es handelt sich um die vorsätzliche, ohne seine Zustimmung und aus niederen Beweggründen erfolgte »Schwängerung« eines Mannes. Da in einem solchen Fall dem Opfer, wenn auch indirekt, sexuelle Gewalt angetan wurde, sollte man die Tat konsequenterweise als sexuelle Vergewaltigung des Mannes bezeichnen. Sie ist ein ebenso brutales wie verabscheuungswürdiges Verbrechen wie die Vergewaltigung der Frau, und vielleicht ist sie sogar häufiger.

Um die sexuelle Vergewaltigung der Frau von der des Mannes zu unterscheiden, sollte man von aktiver und passiver Vergewaltigung sprechen. Denn die beiden Vergehen sind vor allem im Tathergang voneinander verschieden und ließen sich aus juristischer Sicht vielleicht so definieren:

- *Aktive Vergewaltigung* ist der von einem Mann erzwungene Sexualverkehr mit einer Person des weiblichen (seltener auch des eigenen) Geschlechts, der zum Ziel hat, den eigenen Sexualtrieb zu befriedigen. Die auf das Opfer ausgeübte Gewalt fällt mit dem Zeitpunkt der Tat zusammen (in Fällen, in denen eine Vergewaltigung zur Schwangerschaft führt, reicht sie zeitlich darüber hinaus).

- *Passive Vergewaltigung* ist der nicht erzwungene Sexualverkehr einer Frau mit einer Person des männlichen Geschlechts, der zur Schwangerschaft der Frau führt und zum Ziel hat, materielle oder immaterielle Vorteile zu erlangen. Ein materieller Vorteil wäre zum Beispiel Versorgung, ein immaterieller die durch die Existenz des Kindes erzwungene Lebensgemeinschaft mit der Täterin. Die auf ihn ausgeübte Gewalt empfindet der Vergewaltigte erst, wenn die Tat längst vorüber ist.

Wenn man die beiden kriminellen Handlungen von ihren Konsequenzen her vergleicht, fallen folgende Unterschiede auf:

- Während das weibliche Opfer einer männlichen Vergewaltigung in keinem fortschrittlichen Land gezwungen wird, die Frucht des Verbrechens auszutragen, hat das männliche Opfer einer weiblichen Vergewaltigung nicht das Recht, einen Abbruch der Schwangerschaft durchzusetzen: Der Mann muß das Kind bekommen, das die Folge der vorsätzlichen, an ihm verübten Gewalttat ist.

– Während man den männlichen Verbrecher für Jahre hinter Gitter bringt und seine Reputation – zu Recht – für immer ruiniert, könnte man für den weiblichen Vergewaltiger solches nicht einmal in Betracht ziehen: Wer sollte das Kind aufziehen?

– Während man vom Opfer einer männlichen Vergewaltigung niemals verlangen wird, mit dem Täter später gesellschaftlich zu verkehren, ist ein an seinem Kind interessierter Mann dazu angehalten, mit der Täterin ein Leben lang freundschaftlichen Kontakt zu pflegen, weil er andernfalls sein Kind ja nicht einmal zu sehen bekommt.

– Während das Opfer einer männlichen Vergewaltigung niemals gezwungen wird, später für den Unterhalt des Täters aufzukommen – nach Möglichkeit wird es für die Tat entschädigt –, muß das Opfer einer weiblichen Vergewaltigung gerade dies tun. Es ist dem vergewaltigten Mann sogar anzuraten, die Täterin zu ehelichen, weil er nur so das Recht erhält, mit der Frucht dieses Verbrechens, die immerhin sein Sohn oder seine Tochter sein wird, als Vater zu verkehren.

– Während die Opfer der Vergewaltigung durch den Mann in der Regel jung sind und der Unterschicht entstammen – hier hat man die wenigsten Mittel, sich zu schützen –, trifft die Vergewaltigung durch die Frau Männer jeder Altersgruppe, wobei hier die Opfer jedoch vorzugsweise den mittleren und gehobenen Kreisen angehören. Zeugungsfähige Männer mit besonders hohem Einkommen oder Sozialprestige werden auch im fortgeschrittenen Alter noch zu Opfern. Statistisch gesehen sind also wohlhabende Frauen und arme Männer insgesamt am wenigsten gefährdet.

Na und, dann zahlt er eben, lautet hier ein gängiger Kommentar. Den Spaß hat er ja trotzdem gehabt, oder? Dem ist entgegenzuhalten, daß es zwar unwahrscheinlich, aber immerhin möglich ist, daß auch die Täterin am Tathergang ihre Freude hatte. Weiterhin wird heute kein ethisch denkender Mensch und keine Feministin einer Frau zumuten, ein Kind auszutragen, für das sie sich nicht aus freien Stücken entschieden hat. Allein schon im Interesse des ungeborenen Kindes, für dessen Glück diese erzwungene Mutterschaft die denkbar schlechteste Voraussetzung wäre.

Außerdem ist ja gerade für sensible Männer hier nicht das Finanzielle ausschlaggebend. Die Folge des niemals gesühnten Verbrechens an seiner Person ist das Leben eines neuen Menschen – eines Menschen, der sein Kind ist und es für immer bleiben wird –, doch dieser Akt der Schöpfung geschah ganz ohne seine Einwilligung.

Vielleicht wollte dieser Mann aus prinzipiellen Erwägungen keine Kinder – die ja, wie wir sahen, alle hochrespektabel sind. Vielleicht wollte er schon Kinder, aber nicht zu diesem Zeitpunkt: Er hat noch nichts erlebt, fühlt sich zu jung, um so viel Verantwortung zu tragen. Vielleicht sehnt er sich sogar nach Kindern, aber nicht von der Täterin. »Die Mutter seiner Kinder«, jahrelang hat er sie sich vorgestellt – und jetzt ist es die!

Ist ein schrecklicheres Gefühl der Ohnmacht vorstellbar als das eines auf so brutale Weise um seine Träume gebrachten Menschen? Ist eine gemeinere Demütigung denkbar als diese unter dem Mantel der Zärtlichkeit vollbrachte Infamie? Gibt es einen Alptraum, der, wie dieser, ein ganzes Leben lang dauert?

Zum Glück – zu *ihrem* Glück – sehen die meisten Opfer die Sache nicht ganz so dramatisch. Erstens ist das Verbrechen nicht eindeutig nachzuweisen – und daß diese Frau nicht abtreiben möchte, macht sie das nicht eher verehrungswürdig? Außerdem ist die ritterliche Haltung der Vor-Pillen-Ära auch heute noch gefühlsmäßig tief verwurzelt: Noch immer meint der Mann, daß er es ist, der die Frau »in andere Umstände« bringt, und ein schwangeres Mädchen kann man nicht sitzenlassen, das wäre doch schändlich. Irgendwann wäre ihm das mit dem Heiraten soundso passiert – warum also nicht diese Frau, und dann lieber gleich? Denn sonst kommen die Leute noch auf die Idee, daß ein Kerl wie er sich zu einem solchen Schritt zwingen läßt. Zudem hat er ja nun wirklich gern mit ihr geschlafen.

Doch an dieser teuflischen Sache dürfte sich, wenn nicht bis zur Jahrtausendwende, so doch wenigstens im darauffolgenden Jahrzehnt, einiges ändern. Dank unserer neuen ökonomischen Unabhängigkeit werden wir Frauen immer seltener zu solchen kriminellen Mitteln greifen und diejenigen unter uns ächten, die es nach wie vor tun. Denn natürlich hat eine wirtschaftlich selbständige Frau lieber ein Kind von einem Mann, der tatsächlich Vater werden wollte, als von einem, den sie dazu zwingen muß. Auch in diesem Punkt werden wir uns also unserer Zugehörigkeit

177

zu diesem Geschlecht bald schon weniger genieren müssen. Das einst so volkstümliche Verbrechen der passiven Vergewaltigung des Mannes ist demnächst ein Problem der männlichen Eliten. Und es ist ja immerhin möglich, daß man noch vorher eine wirklich brauchbare Pille für den Mann erfindet. Theoretisch ist es sogar möglich, daß dies einem weiblichen Wissenschaftler gelingt.

ALTE MÄNNER, JUNGE FRAUEN: DER ABSCHIED VOM SCHWEIGEGELDZAHLER

Nachricht aus Hollywood: Wieder einmal hat sich ein alternder Filmstar eine unbekannte, dafür aber mehrere Jahrzehnte jüngere Schönheit zur Ehefrau erkoren. In Interviews sprechen die Neuvermählten von der einzigartigen Leidenschaft, die sie zusammenführte, und die Braut versichert wie üblich, dieser Mann sei einfach soviel jünger als die jungen Männer, die sie vorher kannte, und auch im rein Physischen könne ihm keiner das Wasser reichen.

Eine Ehe zwischen einer Korrupten und einem Schweigegeldzahler somit. Schweigegeld wofür? In den Nächten des Anfangs dafür, daß sie ihm verschweigt, daß sie jetzt eigentlich lieber in den Armen eines Jungen läge. Später dann dafür, daß sie den anderen verschweigt, wie es »im rein Physischen« wirklich um ihn bestellt ist. Denn auf dieser Welt trifft die Impotenz immer nur die armen alten Männer. Der Gutsituierte kauft sich mit seinem Prestige, seinem Ruhm, seinem Geld eine junge Dame, die den Auftrag hat, der Öffentlichkeit zu versichern, daß es sich bei ihm um die berühmte Ausnahme von der schrecklichen Regel handelt.

Und obwohl jeder weiß, was hier wirklich gespielt wird (wenn eine Dreißigjährige bei einem Siebzigjährigen liegt, ist sie entweder frigide oder lesbisch, denn andernfalls hielte sie die Sehnsucht nicht aus), hat das öffentliche Gejammer bis heute nicht aufgehört: Wie grausam doch die Gesellschaft zu uns Frauen ist... Wie für die Geschlechter auch heute noch zweierlei Maßstäbe gelten... Wie wir einen Mann mit grauen Schläfen als begehrenswert und seine gleichaltrige Gattin als Ausschuß betrachten...

Schön und gut, aber warum ist das so? Wer setzt denn die Maßstäbe, an denen hier so konstant gelitten wird? Wer verzichtet bei der Auswahl des Heiratskandidaten auf sexuelle Attraktivität und behauptet, daß ein Mann nicht schön sein muß? Wer schwört diesen reifen Herren, sie brächten einen um den Verstand, wenn sie einen nicht einmal zum Orgasmus bringen? Wer legt sich auf den Diwan des glatzköpfigen Ministers und läßt ihn glauben, daß Macht tatsächlich erotisierend wirkt? Wer lächelt neben dem ergrauten Schauspielergatten in die Kamera und erklärt dem Reporter, daß dieser geriatrische Hippie in jeder Beziehung die Erfüllung ist? Das sind doch wir, die Frauen! Und nicht selten die Attraktivsten unter uns! Und die Regeln, nach denen wir uns hier verteidigen, sind so verlogen wie im Falle der Pornographie: Wir beschimpfen nicht die junge Schöne, die dafür kassiert, sich nackt zu zeigen, sondern den meist unattraktiven Kunden, der dafür zahlen muß, sie zu sehen. Denn anstatt diese Verkäuferinnen ihrer fleischlichen Ware auszugrenzen und als das zu bezeichnen, was sie sind, verunglimpfen wir die Herren, die deren geheuchelte Leidenschaft für bare Münze nehmen und eventuell sogar mit dem Heiratsbonus vergüten.

Ich habe mich bei diesem Thema immer wieder bemüht, meine Geschlechtsgenossinnen zu etwas mehr Wahrhaftigkeit zu motivieren. Wenigstens das Herabfälschen des Alters wollte ich ihnen vermiesen: Eine Frau, die ihre Jahre nach unten schwindelt, sagte ich, gibt damit nicht nur sich selbst, sondern auch allen anderen Frauen den Status leicht verderblicher Ware. Ein Mensch, der sich als Frischfleisch begreift und das bleiben möchte, wird irgendwann an seinem Verfallsdatum manipulieren. So soll keiner dahinterkommen, daß er eigentlich längst nichts mehr wert ist. Und ich schlug vor, die Öffentlichkeit lieber dadurch zu verwirren, daß wir uns systematisch älter machen: Vor allem die attraktiveren Frauen seien geradezu verpflichtet, ihr Alter nach oben zu verfälschen, am sinnvollsten gleich um volle zehn Jahre. Wie man sich denken kann, habe ich für diese Strategie keine einzige Anhängerin gefunden. Doch als Initiative zu einer breitangelegten Solidarisierungskampagne erscheint sie mir auch heute noch vertretbar. Eingeleuchtet hat sie wohl ohnehin vielen.

Etwas erfolgreicher war ich mit einem anderen, ebenfalls bei jeder Gelegenheit hervorgeholten Gleichnis: Wenn es wahr wäre, daß Herren mit grauen Schläfen auf junge Mädchen erotisch wirken, sagte ich, dann müßte es doch wenigstens hie und da einmal vorkommen, daß ein hübsches junges Millionärstöchterchen sich hoffnungslos in einen armen alten Rentner verknallt. Von einem solchen Fall habe aber noch keiner von uns gehört ... Ich habe dies zuweilen von weiblichen Journalisten zitiert gesehen, von männlichen nie.

Damit soll nicht behauptet werden, daß es zwischen einem Mann und einer um etliche Jahre oder gar Jahrzehnte jüngeren Frau keine echte Leidenschaft geben kann. Wie wir wissen, ist gerade auf sexuellem Gebiet jede nur vorstellbare Abweichung von der Norm möglich: Wie es Männer gibt, die es nach ihren Töchtern oder Müttern gelüstet, gibt es Frauen, die ganz ehrlich mit ihren Söhnen oder Vätern ins Bett gehen möchten. Doch wenn in so gut wie allen Ehen der Mann mit einer »Tochter« und die Frau mit einem »Vater« das Lager teilt, liegt der Verdacht nahe, daß bei dem Auswahlverfahren etwas nicht stimmt. Wenn Männer und Frauen das gleiche Maß an sexuellem Verlangen empfinden – und darüber ist man sich wohl einig –, die Frauen sich aber trotzdem fast immer mit einem älteren Partner zufriedengeben, heißt das, daß eine der beiden Parteien bei der Entscheidung zur Ehe die Lust an die zweite Stelle rückt.

Natürlich ist diese weibliche Strategie ehedem reine Notwehr gewesen. Bis zum Anfang des Jahrhunderts blieb uns Frauen nichts anderes übrig, als uns »aushalten« zu lassen, und dazu war meist nur der um etliche Jahre oder gar Jahrzehnte ältere Mann in der Lage. Daß wir uns auch heute noch ältere Partner nehmen, ist jedoch entlarvend. Vom Erotischen her wäre es selbstverständlich, daß nun auch wir uns um jüngere Partner bemühten. Und auch wenn deren Zahl nicht unendlich ist: Zumindest bei der Hälfte der Eheschließungen müßte nun von Rechts wegen der Bräutigam der Jüngere sein, und im statistischen Durchschnitt wären die Hochzeiter gleich alt. Das sind sie aber nicht.

Nun wird gerade mit statistischen Argumenten gerne begründet, daß wir armen Frauen uns ja leider meist mit älteren Partnern begnügen müßten, weil wir überall auf der Welt hoffnungslos in der Überzahl seien. Das ist jedoch ein Trugschluß: Der enorme Frauenüberschuß tritt nur bei den älteren Generationen auf und könnte daher frühestens bei der Heiratsentscheidung der Vierzig- bis Fünfzigjährigen eine wichtige Rolle spielen. Zur Zeit der

Erstheirat sind die jungen Männer in der Überzahl: Da stets mehr Knaben als Mädchen geboren werden, steht jeder Frau im heiratsfähigen Alter mindestens ein Bewerber ihres eigenen Jahrgangs gegenüber. Und dennoch ist auch bei der Erstheirat der Bräutigam im Schnitt schon drei Jahre älter als die Braut. Obwohl es für diese keinen einzigen Grund mehr gibt, sich einen älteren Ehemann zu nehmen – es gibt überhaupt keinen Grund für einen Ehemann –, tut sie es nach wie vor.

Natürlich sind unter den alten Männern wohl auch immer wieder ein paar herrliche Ausnahmen in Sachen Potenz zu finden. Doch von diesen erzählt dann nicht die Dame, die die Freude hatte, mit ihnen die Nacht zu verbringen (wer möchte mit solcherlei Propaganda die Konkurrenz mobilisieren?), sondern die Statistik des Urologen (sofern nicht auch diese beschwindelt wurde). Und logischerweise müßten diese Ausnahmen da zu finden sein, wo wir Frauen sie am seltensten zu suchen belieben: Bei den ausgeruhten unter den alten Männern, den beruflich Erfolglosen also, den sogenannten Versagern somit, den armen alten Rentnern vielleicht... Wie sollte der populäre Politiker, der einflußreiche Bankier, nach seinem Sechzehn-Stunden-Tag dann auch im Bett noch etwas »leisten«?

Doch auch unter den Ausgeruhten können es logischerweise nur wenige sein. Da die Natur kein Interesse daran hat, daß sich ein Mensch über fünfzig noch vermehrt – er könnte dieses Kind wahrscheinlich nicht mehr lange genug behüten –, hat sie parallel zur weiblichen Menopause auch die für den Mann geschaffen. Letztere ist das am meisten tabuisierte Thema in der Beziehung der Geschlechter. Die an Sex interessierten Frauen möchten sich durch seine Erörterung nicht um ihre vielleicht allerletzten Chancen bringen, und Männer sind glücklich, wenn sie davon nichts hören.

Der Forscher, dem es gelänge, hier Abhilfe zu schaffen, wäre der Messias einer langsam, aber sicher verdurstenden Frauenwelt: Wie die Statistik zeigt, kommt heute gerade bei den erfolgreichen und somit begehrtesten Männern das sexuelle Versagen immer früher.

Doch das Nachdenken über ihre schwindende Liebeskraft ist offenbar sogar für die Mediziner unter den Männern ein Problem. Während es bei den Wechseljahren der Frau kaum einen Aspekt gibt, der nicht untersucht und durchleuchtet worden ist, hat es über die des Mannes und ihre weit verheerenderen Folgen seit dem 1948 erschienenen Kinsey-Report selbst in den so wissenschaftsfreudigen USA nur eine einzige größere Untersuchung gegeben – deren Ergebnis bis heute nicht publiziert ist. Als dort im Dezember 1992 das National Institute of Health seine allererste Konferenz zu diesem Thema abhielt, konnten sich die Teilnehmer nicht einmal auf eine Definition von Impotenz einigen. Das einzige wichtige Buch zu diesem Thema wurde bezeichnenderweise von Gail Sheehy veröffentlicht*, einer Frau.

Schon in den mittleren Jahren werde die männliche Liebeslust geringer, sagt Sheehy – die männlichen Wechseljahre beginnen zuweilen schon im fünften Lebensjahrzehnt. Physisch machen sie sich durch ein Nachlassen der Muskelkraft bemerkbar; häufige psychische Symptome sind Lethargie, Depression, gesteigerte Irritierbarkeit, Launenhaftigkeit und ein allgemein verringertes Wohlbe-

---

* Gail Sheehy: Is There a Male Menopause? New York 1993.

finden. Während ihres sechsten Lebensjahrzehnts haben viele Männer schon ernsthafte Erektionsprobleme, und bei einem Drittel von ihnen ist ein Mangel des Hormons Testosteron festzustellen. Dieses entscheidet darüber, ob ein Mann potent ist oder nicht und ob er überhaupt Lust auf Liebe hat.

Durch eine andere – jüngere – Sexualpartnerin kann dieser Abstieg vorübergehend gestoppt werden. Doch die Spätwirkung eines solchen Partnerwechsels ist um so verheerender – sobald der Reiz des Neuen vorbei ist, kehrt die Verzweiflung verstärkt zurück, weil sich das Versagen dann rasch wieder bemerkbar macht. Ein Versagen, das seine junge Partnerin weder jetzt noch später an sich selbst erleben wird. Doch auch mit seinesgleichen kann er nicht darüber sprechen, weil ein Mann dieses Problem offiziell ja gar nicht kennen darf. Ein Leben lang hat man Witze gerissen über solche, »denen er nicht mehr steht«. Nun soll man dazugehören? Den berüchtigten »Penisneid« gibt es wohl ausschließlich unter Männern.

Hier beginnt dann das lange Drama der älteren Frauen – und erst recht das der jungen, die sich für bedeutend ältere Partner entscheiden. Wohl kommt es auch bei der Frau in den Wechseljahren zu einer gravierenden Veränderung im Hormonhaushalt, deren Folgen ebenfalls im Nachlassen der Muskelkraft und in den klassischen psychischen Symptomen der Menopause bestehen. Doch diese Senkung des Hormonspiegels betrifft bei Frauen lediglich das Hormon Östrogen: Der Anteil an Testosteron, das auch bei ihnen verantwortlich für die Lust auf Liebe ist, bleibt konstant. Und darum wird auch ihre Sehnsucht nach Sexualität nicht geringer.

So gehen dem Tod einer Frau normalerweise an die zwei Jahrzehnte sexueller Enthaltsamkeit voraus: Sie hat eine um sieben Jahre höhere Lebenserwartung und nimmt sich im Durchschnitt einen um drei Jahre älteren Mann. Selbst wenn das sexuelle Desinteresse ihres Partners erst nach dem sechzigsten Lebensjahr auftritt, hat sie auf diese Weise zehn Jahre lang einen mehr oder weniger müden Mann zur Seite, den sie schließlich auch noch um zehn Jahre überlebt. Mit einer durchschnittlichen Abstinenz von zwanzig Jahren dauert die zweite Keuschheitsperiode des weiblichen Geschlechts heute also um ein Viertel länger als die erste. Und darum habe ich in meinem Essay »Heiraten ist unmoralisch« vorgeschlagen, diese lange Zeit unfreiwilliger Enthaltsamkeit mit einem eigenen Begriff zu belegen: die zweite Jungfräulichkeit der Frau. Und auch diese Strafe hat sie sich selbst zu verdanken: Wegen der Leichtfertigkeit, mit der sie sich in jungen Jahren anstatt für einen jüngeren Bräutigam für einen älteren entschied, liegt sie nun viele Jahre lang neben einem Mann ohne Unterleib. Und dann gibt sie sich die Schuld an dessen Problemen womöglich auch noch selber: Wenn sie »jung und hübsch« wäre, könnte er sich bestimmt für sie begeistern.

Für das, was hier durchlitten wird, kennt wiederum der Mann keine Parallele. Er hat vielleicht zuweilen neben einer Frau gelegen, die ihn nicht lieben mochte, aber niemals neben einer, die ihn nicht lieben *konnte*. Die Fabel vom Fischer und der Nixe ist hier vielleicht eine gute Illustration: Die Dame in seinem Netz ist von der Taille abwärts als Fisch gestaltet und somit für das eine, an das er in seiner Einsamkeit immer nur denkt, auf keinen Fall zu gebrauchen. Und so wirft er sie schließlich ins Meer zurück.

Doch während die weibliche Nixe ausschließlich in der Erzählung existiert, gibt es die männliche in der Wirklichkeit. Und während der Fischer seine falsche Jungfrau dem Meer zurückgeben kann, muß die Ehefrau neben dem seinerzeit geangelten Gatten im Ehebett verharren, bis der Tod ihn von ihr scheidet. Wenn sie ihn noch liebt, wird sie ihm sagen, wie großartig es dennoch mit ihm sei und daß es ihr genüge, einfach so neben ihm zu liegen, denn worauf es einer Frau wirklich ankomme, sei Zärtlichkeit. Und jetzt brauche sie ja auch endlich nicht mehr eifersüchtig zu sein, nicht wahr?

Zumindest das letztere ist richtig. Nie mehr fürchten müssen, daß da eine Jüngere kommt, die ihn ihr abspenstig macht, das muß für eine liebende Ehefrau tatsächlich eine Erleichterung sein. Was immer diesem Mann fehlen mag, er ist noch da und gehört ihr nun ganz allein. Und darum wird es auch Zeit für den äußersten Liebesbeweis. Denn während sie dem Geliebten die Gewißheit seines sexuellen Bankrotts nicht nehmen kann, ist es gerade deswegen nun ihre Pflicht, ihm treu zu sein und wenigstens vor den anderen sein Image als satisfaktionsfähiger Gatte zu pflegen. So macht sie es, so machen es die anderen liebenden Ehefrauen. Und so wird aus einem Sexualleben eine Sexualfarce. Denn für Sex ohne Penetration, wie ihn die Lesbierinnen pflegen, sind nur wenige dieser Partner zu gewinnen: Es mangelt ihnen ja nicht nur an Erektions fähigkeit, sondern auch an der Lust. Wenn nur das Fernsehen nicht all diese Liebesfilme brächte!

Was wird nun an der Wende zum nächsten Jahrtausend aus diesem Tabu: Der Schweigegeldzahler, wird er aus unserem Alltag verschwinden? Das nicht, doch gibt es mehrere Möglichkeiten, die diese Sache von Grund auf revolutionieren könnten: Da gibt es erstens eine gewisse Chance, daß es nichts mehr zu verschweigen geben wird. Die Forschung könnte bis zum Jahr 2000 ein wirklich brauchbares, und das heißt, nicht gesundheitsschädliches Mittel finden, das die männliche Potenz und somit auch die Lust auf Sexualität um Jahre oder Jahrzehnte verlängert. Es wäre die optimale Lösung für alle, und gerade in jüngster Zeit sieht es aus, als ob dieses pharmazeutische Traumziel erreichbar wäre.

Dann gibt es zweitens die sichere Entwicklung zu vermehrter und vor allem gleichwertiger und gleich bezahlter weiblicher Berufstätigkeit, die die Käuflichkeit junger Frauen bedeutend vermindern wird: Man wird sich fragen, ob es nicht mehr bringt, anstatt mit einem alten Berühmten mit einem jungen Nobody im Bett zu liegen, und ob es auf lange Sicht nicht rentabler ist, seine Energie anstatt in die Jagd nach einem erfolgreichen Gatten in den eigenen Erfolg zu stecken. Natürlich werden sehr prominente Männer die jungen Schönheiten nach wie vor korrumpieren. Doch das männliche Mittelfeld dürfte es bedeutend schwerer haben als heute.

Wird es den weiblichen Schweigegeldzahler geben – die ältere Frau, die einen schönen jungen Mann dafür honoriert, daß er durch sein Jawort vor der Öffentlichkeit ihre sexuelle Attraktivität bezeugt? Natürlich wird es solche Frauen geben, aber selten. Im Unterschied zur Mehrheit der Männer fühlen wir Frauen uns gedemütigt, wenn wir dafür zahlen sollen, daß ein Mann uns berührt: Wir sind es gewohnt, daß wir es sind, die – wenn überhaupt – von einem solchen fleischlichen Handel profitieren. Außerdem gibt es bei einer alten Frau kaum etwas zu verschweigen: Daß sie Runzeln hat, sieht man auch in ihrem Gesicht, und daß ansonsten ihre sexuellen Fähigkeiten unverändert erhalten bleiben, weiß ebenfalls jeder – noch nie hat man davon gehört, daß einer Frau in der Menopause die Vagina abhanden kommt oder daß sie ihr Talent zum Orgasmus verliert.

Die Hartnäckigkeit, mit der sich das Gerücht hält, Frauen hätten es mit dem Altern schwerer als Männer, ist daher tatsächlich erstaunlich. Das Altern der Frauen ist schlimm, doch wenn sie sich dann eines Tages vielleicht doch noch mit einem Mann in Liebe vereinen, ist es, weil der sie tatsächlich begehrt: Andernfalls könnte er ja seine biologische Funktion nicht erfüllen. Das Altern des Mannes ist hingegen höllisch: Selbst wenn er eine junge Frau findet, die bereit ist, sein Lager zu teilen, ist er ja entweder gar nicht oder nur vorübergehend dazu befähigt, etwas Erotisches mit ihr anzufangen. Letztlich haben wir Frauen beim Altern also nur ein Problem, und das sind die alten Männer.

Entstehende

Denkverbote

WIE SCHÖN
DARF MAN SEIN?

Die Hölle wäre ein Ort, an dem alle Probleme gelöst und alle Tabus beseitigt sind. Auch dies ist ein Tabu: Welcher Politiker könnte es sich beispielsweise leisten, zu sagen, er sei froh über jeden sozialen, kulturellen oder wirtschaftlichen Mißstand, weil er und seine Partei ansonsten ja überflüssig wären?

Nach meiner Ansicht besteht aber kaum Gefahr, daß eines Tages eine solche Hölle über uns hereinbrechen könnte, denn offenbar haben wir es instinktiv so eingerichtet, daß sich anstelle des soeben mit gigantischem Aufwand enttabuisierten Sachverhalts sogleich ein neues Tabu vor uns aufbäumt, welches wir freilich nicht sogleich als solches entlarven. Doch mit etwas Nachdenken kann man hier und dort schon einen Hinweis darauf finden, auf welchem Gebiet sich Umstände entwickeln oder bereits entwickelt haben, die sich zumindest zunächst einmal für die Mehrheit der Menschen »dem sprachlichen Zugriff« entziehen und allmählich den Charakter eines Tabus annehmen.

So ist es zum Beispiel interessant zu beobachten, wie sich in jüngster Zeit vor allem in den Vereinigten Staaten – wo die Bürger aufgrund ihres massiven und nun schon ein halbes Jahrhundert anhaltenden Fernsehkonsums mehr als sonstwo darauf trainiert sind, den physischen Vorzügen eines Menschen den höchsten Stellenwert einzuräumen – Studien über jene Vorzüge häufen, die einer Person ihr gutes Aussehen bringt. Sogar eine Bezeichnung hat man für diese Anhäufung von Privilegien gefunden: Beautismus. Ein Phänomen, das so verwerflich ist wie Rassismus oder Sexismus und gegen das man offenbar noch weniger ausrichten kann.

Dabei sind die Vorteile der Schönen an sich natürlich keine Neuigkeit, sagte doch schon Sokrates, daß es der Schönheit vergönnt sei, »am meisten bemerkt zu werden«. Neu ist das Ausmaß, in dem heute die Schönheit auf allen Gebieten triumphiert. Sogar die Annahme des Romans eines unbekannten Autors wird vom Verlag häufig schon von dessen Aussehen abhängig gemacht. Denn wenn er attraktiv ist, wird es leichter sein, ihn in absatzfördernden Talkshows unterzubringen, und in den Literaturmagazinen wird sein Foto freudiger vervielfältigt werden – er ist also einfacher zu verkaufen. Das gilt für die übrigen Künste ja schon lange: Mozart hin oder her – einer Anne-Sophie Mutter hört (und sieht) man einfach lieber zu als einer unattraktiven Virtuosin. Denn es geht ja tatsächlich darum, »am meisten bemerkt zu werden«. Und das ist im Zeitalter der Fernseh- und Videokultur am zuverlässigsten mit gutem Aussehen zu erreichen.

Schönheit liegt im Auge des Betrachters, hieß es in der guten alten Zeit. Unsere Maßstäbe für die Vorzüge des Äußeren seien subjektiv – wer dem einen nicht gefalle, gefalle dafür dem anderen. Außerdem komme die »wahre« Schönheit ohnehin »von innen«. Dank der neuen Disziplin Attraktivitätsforschung wissen wir nun, daß es tatsächlich »objektive« Maßstäbe für die Schönheit eines Menschen gibt – solche, die wir so gut wie alle anerkennen. Und zwar zeigen uns die Untersuchungen, daß unsere bisher

193

für persönlich gehaltene Meßlatte nicht nur innerhalb eines bestimmten Landes oder einer bestimmten Rasse den Attraktivitätsmaßstab setzt. Schöne Menschen des einen Landes oder der einen Rasse gelten auch bei den Bürgern eines anderen Landes oder den Angehörigen der anderen Rasse als schön. Sogar Säuglinge im Alter von sechs Monaten betrachten die Fotos attraktiver Menschen deutlich länger als die von unattraktiven. Zwölf Monate alte Kinder spielen mit hübschen Puppen durchschnittlich um ein Drittel länger als mit häßlichen. Und Hirngeschädigte oder psychisch Kranke urteilen bei der Einschätzung von Gesichtern genauso wie Gesunde.

Noch schlimmer ist, daß wir als Versuchspersonen den als »schön« eingestuften Menschen auch Merkmale wie »charaktervoll« und »sympathisch« zuweisen – daß wir zum Beispiel nach einem Telefonat mit Personen, von denen man uns ein attraktives Foto zeigte, dieses Gespräch als anregender einstufen, als wenn man uns glauben ließ, wir hätten es mit einem Häßlichen zu tun gehabt.

Am verheerendsten ist jedoch die Tatsache, daß diese instinktive Ausstattung der Schönen mit positiven Charaktereigenschaften im großen und ganzen sogar gerechtfertigt ist. Da die Welt freundlicher und großzügiger mit den Schönen umgeht, entwickeln sie auch einen gradlinigeren, angenehmeren Charakter. Die Gleichgültigkeit, die wir gegenüber den Unscheinbaren walten lassen, schlägt in deren Psyche tiefe Wunden und läßt sie zwecks Erringung unserer Aufmerksamkeit eher zu Tricks oder Unwahrheiten Zuflucht nehmen als jene, die wir ohnehin beachten.

Daß wir die Schönen in der Regel als weniger intelligent einstufen als die Unschönen, scheint unserer Bevorzugung der ersteren keinen Abbruch zu tun. Wir fühlen uns persönlich geschmeichelt, wenn sich ein schöner Mensch mit uns abgibt. Wir haben das Gefühl, daß es unser eigenes Ansehen mehrt, wenn wir mit ihm gesehen werden. Wir sehen ihn ja auch selbst lieber an. Hübsche Kinder sind schon bei Gleichaltrigen begehrter – es wird länger und lieber mit ihnen gespielt. Schöne Menschen haben mehr Geschlechtspartner und innerhalb der Ehe dann auch eine höhere Koitusfrequenz. Im Krankheitsfall wird den Schönen schneller und gründlicher geholfen: Ärzte und Psychotherapeuten nehmen sich mehr Zeit für sie.*

Alle diese Umstände sind aber für den, der sie wissen wollte, längst kein Geheimnis mehr. Was uns die in der Regel männlichen Attraktivitätsforscher noch verschweigen, ist die Tatsache, daß der Zwang zum lebenslangen Schönsein, der bisher hauptsächlich den Frauen zu schaffen machte, demnächst auch für ihr eigenes Geschlecht gelten wird. Bisher sagten sie uns stets, daß der Mann ein Defizit seiner äußeren Erscheinung ausgleichen könne, indem er andere Eigenschaften kultiviere – und wir alle wissen, welche sie damit meinen. Diese Eigenschaften werden jedoch im nächsten Jahrtausend für seine potentiellen weiblichen Partner von Jahr zu Jahr an Wert verlieren. Natürlich sind es beim Mann nicht dieselben Attraktivitätsmerkmale die bei uns Frauen den Ausschlag geben: Es sind die breiten Schultern, die starken Arme, die schmalen Hüften, die langen Beine, die ihn bei uns erfolgreich

* Focus, Nr. 26, 1995.

machen. Noch können sich die Männer durch Anhäufung von Macht, Geld oder Status diesen Kriterien entziehen, und darum kann es eben auch noch immer heißen, daß ein Mann nicht schön sein muß. (Die durchtrainierten Beaus in den Fitneßstudios haben es in der Regel eher auf das eigene Geschlecht abgesehen.)

Doch mit der auf uns zukommenden kürzeren Arbeitszeit, einer Folge der Automation auf allen Gebieten, wird sich auch hier einiges ändern. Denn da nun wir Frauen – ohne daß ein Vernachlässigen der Kinder notwendig wäre – über gleiche Aufstiegschancen und gleiches Einkommen verfügen, werden wir natürlich bei der Auswahl unserer Partner ebenso häufig nach der äußeren Attraktivität entscheiden, wie Männer es heute in bezug auf uns tun. Damit folgen wir – wie sie – unserem biologischen Instinkt, der uns vorschreibt, von allen zur Reproduktion zur Verfügung stehenden Anwärtern den mit dem attraktivsten und gesündesten Aussehen zu wählen, weil dies dann die attraktivsten und gesündesten Nachkommen gibt.

Die kosmetische Chirurgie verzeichnet schon heute mit Genugtuung die steigende Anzahl männlicher Klienten. Doch bisher hat ein Mann sich vor allem zum kosmetischen Eingriff entschlossen, um seinem Boß zu gefallen: Von seinem Erfolg bei diesem hängt sein beruflicher Aufstieg ab und von dem dann wiederum sein Glück bei den Frauen. In Zukunft wird er ohne diesen Umweg direkt für uns attraktiv sein wollen und müssen, denn erfolgreich im Beruf sind wir dann ja selbst.

Dennoch hat sich der Zwang zum Schönsein unterdessen auch für uns Frauen immer weiter verschärft. Ehedem hatten wir lediglich bis zur Heirat attraktiv zu sein – nach

der Geburt der gemeinsamen Kinder konnten wir uns ge-
henlassen, ohne eine Einbuße an materieller Sicherheit zu
befürchten. Und solange es keine Scheidung gab, konnte
uns der enttäuschte Gatte nicht einmal mit Nestflucht bestrafen. Durch die auf uns zukommende Selbständigkeit
auf allen Gebieten sind wir nun aber privat und beruflich
zu ewiger Schönheit aufgerufen. Unser Partner kann uns
jederzeit für eine Schönere verlassen; unser Vorgesetzter
kann uns jederzeit durch eine ersetzen, die seine Kund-
schaft mehr »anspricht«. Besser, man schaut nach Büro-
schluß noch rasch bei der Kosmetikerin vorbei.

Daß eine attraktive Person im Beruf die größeren Chancen hat, ist hinlänglich bewiesen. So haben zum Beispiel
die Wirtschaftswissenschaftler Jeff Biddle und Daniel Ha-
mermesh über fünfzehn Jahre die Karriere von zweitau-
send Juristen verfolgt, die alle die gleiche Top-Universität
absolviert hatten. »Gutachter«, denen Fotos der Juristen vor-
gelegt wurden, mußten diese auf einer Punkteskala zwischen »sehr attraktiv« und »häßlich« bewerten. Anschließend verglichen die Ökonomen Aussehen, Verdienst und
Karriere. Ihre vor kurzem vom National Bureau for Econo-
mic Research veröffentlichten Erkenntnisse erregten großes Aufsehen, brachten sie doch den Beweis, daß die Juristen im oberen Drittel der Beauty-Skala nach fünf Jahren
am Arbeitsplatz im Durchschnitt neun Prozent mehr verdienten als Kollegen, deren Schönheit im unteren Drittel
der Skala lag, und daß nach fünfzehn Jahren der Abstand
noch größer war: Jetzt verdienten die Gutaussehenden
dreizehn Prozent mehr als die anderen.

Dieses Ergebnis deckt sich mit denen all der übrigen
Studien über die beruflichen Vorteile der Schönen, die neu-

erdings die Vereinigten Staaten überschwemmen. Es wird daher bereits die Frage diskutiert, ob häßliche Menschen Behinderten gleichzustellen seien und durch besondere Gesetze vor Diskriminierung am Arbeitsplatz geschützt werden müßten. Aber wie? Zeigt doch zum Beispiel die erwähnte Studie auch, daß eine Diskriminierung der Häßlichen nicht unbedingt vom Arbeitgeber ausgehen muß. Vielmehr sind es die Klienten, die sich offenbar lieber von gutaussehenden Anwälten vertreten lassen. Der Wirtschaftswissenschaftler Robert Topel von der University of Chicago Business School ist dennoch dafür, daß Gesetze, die vor Diskriminierung am Arbeitsplatz schützen sollen, immer den Arbeitgeber bestrafen müssen, selbst wenn dieser nur den Wünschen der Konsumenten nachgibt, denn dem diskriminierenden Denken und Handeln des letzteren sei durch Gesetze kaum beizukommen.

Und hier liegt das Problem, das leider zur Sorte jener gehört, die nicht zu lösen sind. Gegen die Vorteile, die einem Menschen sein Reichtum bringt, könnten wir – bei äußerster Solidarität – schon etwas unternehmen: Wir könnten Privatbesitz enteignen, Fabriken verstaatlichen, Erbschaften untersagen. Gegen die Vorteile, die ihm seine Schönheit fast automatisch garantiert, ist jedoch kein Kraut gewachsen: Wie soll man Frauen verbieten, den Atem anzuhalten, wenn ein attraktiver Mann den Raum betritt? Wie könnte man Männer daran hindern, gutgewachsenen Frauen nachzustarren?

Die Vorzüge von Geld, Ruhm und Status sind erwerbbar, und darum stehen die Vorteile, die sie bringen, zumindest theoretisch allen Personen offen. Die Vorteile der Schönheit sind einer angeborenen Eigenschaft zu verdanken, und darum ist menschliche Schönheit eigentlich von Grund auf reaktionär. Denn hier ist nun tatsächlich kein Mehr an Gerechtigkeit denkbar: Sollen wir unsere Schönen zu kahlrasierten Schädeln oder zum Tragen abgerissener Kleidung zwingen? Selbst wenn wir es über uns brächten: Sie wären noch immer schöner als der Rest. Sollen wir sie durch ein neues Sozialgesetz dazu verurteilen, sich im Interesse der Gleichheit aller Menschen ein wenig zu verstümmeln? Etwa nach dem Vorbild der Dummköpfe in den schlagenden Studentenverbindungen, die sich – zu einer Zeit, da der Mann noch nicht schön sein mußte – beim Fechten entstellende Schmisse in die Gesichter schlugen? Unmöglich, nicht wahr?

Nicht das Geld regiere die Welt, sondern die Schönheit, hat die wunderschöne Claudia Schiffer in einem Interview mit der Zeitschrift »Stern« einmal geäußert. Doch leider war das nur die halbe Wahrheit. Denn da sich nicht nur die unattraktiven Armen, sondern auch die unschönen Reichen am liebsten mit schönen Menschen umgeben, gehen die erworbenen Machtinstrumente Geld, Ruhm und Status mit dem angeborenen Machtinstrument Schönheit seit jeher diese fatale Symbiose miteinander ein, die die Misere der Durchschnittlichen oder Häßlichen nur noch steigert. Denn da unsere Geldleute sich alles und jeden kaufen können, sind zumindest ihre Nachkommen am Ende nicht nur viel reicher als wir, sondern – wenn das Schicksal wenigstens ein bißchen kollaboriert – auch noch viel schöner.

Ein Schöner kann, etwa durch Heirat, über Nacht zu einem Reichen werden. Umgekehrt dauert die Verwandlung etwas länger, doch nachweislich tritt sie ein. Begüterte, seien es Männer oder Frauen, heiraten in bezug auf die eigene Physis fast immer eine oder mehrere Stufen hinauf. Daß reiche oder berühmte Männer – egal, wie sie selbst aussehen – sich nach Möglichkeit bildschöne Frauen nehmen, ist bekannt. Doch wenn man etwa die Prinzgemahle europäischer Monarchinnen betrachtet, wird man feststellen, daß auch hier mit sichtlichem Vergnügen nach ästhetischen Maßstäben ausgewählt wird. Sozialer Aufstieg wird in diesem Fall nicht vom Gatten erwartet, denn höher kann die adlige Dame ja ohnehin nicht hinauf.

Natürlich tun diese Arrivierten das nicht in der Absicht, schöne Kinder zu zeugen – der Partner selbst ist der Gegenstand der Begehrlichkeit. Doch das Ergebnis sind nun einmal sehr oft schöne Kinder. Und da diese später dann wieder zwar möglichst reiche, aber vor allem möglichst schöne Menschen freien – Vermögen haben sie ja schon –, liegt so unter Umständen nach zwei, drei Generationen eine Großfamilie um den Pool, von der jedes einzelne Mitglied notfalls sein Geld auch beim Film verdienen könnte. Das gute Aussehen der Mehrzahl der Kennedys ist alles andere als Zufall.

Da Schönheit bei den weniger damit Gesegneten in der Regel nichts anderes auslöst als staunende, hilflose Bewunderung, sind die Folgen dieser Auslese ziemlich verheerend. Die Geschichte einer jeden Gelddynastie – heiße sie nun Vanderbilt, Rockefeller, Patiño, Agnelli, Schneider, Krupp, Flick, Thyssen oder wie auch immer – ist zumindest in ihren Anfängen und zuweilen auch noch in der Mitte und am Ende eine der mehr oder minder ausgeprägten Kriminalität. Da wurden Hungerlöhne gezahlt, Kinder in Bergwerken verheizt, Schwarze versklavt, Indianer abgeschlachtet, Waffen verschoben, Streiks niedergeschlagen, Politiker bestochen, ja, sogar die Kollaboration mit einem antisemitischen Massenmörder ist im einen oder anderen Fall zu vermelden. »Hinter jedem Vermögen steckt ein Verbrechen«, heißt es bei Balzac. Doch statt daß die Gesichter der Erben von den Gemeinheiten ihrer Vorväter gezeichnet wären, erscheinen sie nicht selten in der edlen Schönheit menschgewordener Götter.

Falls man einem solchen Prachtexemplar zufällig begegnet, fällt es schwer, einen kühlen Kopf zu bewahren. Man weiß zwar, welchen Machenschaften der Gastgeber seinen Status verdankt, doch wenn man ihm dann an einem warmen Sommerabend auf der Terrasse seiner Ferienvilla gegenübersitzt, unten das Meer, im Park die Zikaden, in den Händen der Drink zum freundlichen Hin und Her des Smalltalks, ist man von seinem Liebreiz dermaßen überwältigt, daß man jede vernünftige Perspektive verliert. Ganz offensichtlich gibt es Menschen, deren Vollendung so groß ist, daß sie ein vollendetes Milieu verdienen – wer wollte hier pedantisch sein?

Es ist wie in jener Geschichte vom »Bildnis des Dorian Gray«: Unwillkürlich beginnt man sich zu fragen, ob dieses perfekte Geschöpf mit seinen ebenmäßigen Zügen, dem offenen Lachen, der melodischen Stimme und den eleganten Bewegungen wie jener Held Oscar Wildes in irgendeinem der vielen Zimmer seiner Villa sein eigentliches Konterfei versteckt: ein Gesicht, in dem sich die direkte Brutalität der Ahnen mit der indirekten des Erben vermählt, in dem die aktive Raffgier des Vermögensgründers mit der passiven des Nutznießers zu jener abstoßenden Fratze verschmilzt, die sie im Namen irdischer Gerechtigkeit eigentlich sein müßte!

Doch natürlich würde man vergeblich nach einem solchen Bildnis suchen; Dorian Gray ist eine von einem genialen Moralisten erfundene Phantasiefigur. Im wirklichen Leben gibt es natürlich auch bildschöne Arme, denn zum einen sind nicht genug Reiche da, um alle aufzukaufen, zum anderen stehen einige Menschen wohl tatsächlich nicht zum Verkauf. Doch gerade die Unschuldigsten unter uns sind leider oft von atemberaubender Häßlichkeit, während die Schuldigsten (unschuldige Reiche kann es per definitionem nicht geben) nicht selten von ebenso atemberaubender Schönheit sind.

Das geht so weit, daß man beispielsweise in Städten wie Mailand oder Rom das Gefühl haben kann, die Bevölkerung bestünde aus zwei völlig verschiedenen Rassen. Hier die anmutige, langbeinige, hellhäutige Kundin, die selbstsicher mit dem Autoschlüssel winkt, dort das gedrungene, grobschlächtige, dunkelhäutige Lehrmädchen, das ihr schüchtern den Einkauf zum Alfa trägt.

»Die schönsten Mädchen gibt es nicht in Stockholm, nicht in London, nicht in Paris«, läßt Godard im Film »Außer Atem« seinen Helden Belmondo schwärmen, »die schönsten Mädchen gibt es in Lausanne!« Und wie könnte es anders sein? In der französischen Schweiz sind jene Institute, in denen unser Geldadel seine Erben am liebsten auf ihr seltsames Leben vorbereiten läßt. Die Gefahr, daß sie andere als ihresgleichen treffen, ist dort äußerst gering, und dies wiegt gerade in jungen Jahren schwer. Eine sorgfältige Erziehung schärft die Empfindsamkeit. Der junge Erbe könnte daher leicht auf abwegige Gedanken kommen – und sich beispielsweise fragen, warum auf dieser Welt die einen immer zuviel und die anderen immer zuwenig zu haben scheinen. In der richtigen Umgebung schafft man den Sprung vom reichen Elternhaus in die reiche Ehe, ohne ein einziges Mal zur Besinnung zu kommen.

Im fünften Kapitel sprachen wir von den Vorzügen der menschlichen Dummheit, darum sei hier noch angemerkt, daß schöne Menschen diese vorteilhafte Eigenschaft häufiger als andere besitzen und sich daher auch aus diesem Grund zur Verschwägerung mit der Sippe der Reichen eignen, aber nicht etwa, weil sie dumm geboren wären: Es gibt keine phantasielosen, unsensiblen Kinder. Wie phantasievoll einer im späteren Leben sein wird, ist – stark vereinfacht – abhängig von der Quantität und Qualität der Anregungen, die seine angeborene Phantasie erhält; wieviel Sensibilität er entwickelt, beruht auf der Menge und Tiefe der Verletzungen, die man seiner Psyche zufügt.

Falls es zu viele sind, kann er sie nicht verkraften: Er wird lethargisch und stumpft ab (eine Verwüstung, die sich immer wieder bei Heimkindern beobachten läßt). Sind es »zu wenige«, werden seine Sinne eingeschläfert, seine Sensibilität kann nicht reifen und bleibt auf einem eher niederen Niveau. Kommen sie im »richtigen« Quantum und Tempo, so schärft sich seine Empfindsamkeit immer mehr, Vorstellungsvermögen, Einfallsreichtum, Einfühlungsvermögen und Instinkt werden von Mal zu Mal besser. (Dies erklärt wohl die ungewöhnlich große Zahl hochsensibler Menschen jüdischer Herkunft: Bei Juden der Mittel- und Unterschicht hörten vor allem in früheren Zeiten die psychischen Verletzungen niemals auf. Die Schweiz sei das Land, in dem sogar die Juden verdummen, schrieb der Schweizer Schriftsteller Adrian Durel. Und in der Tat war hier der Antisemitismus so gering wie sonst nirgends. Bis dann die Aufforderung zur Rückgabe der jüdischen Vermögen kam.)

In diesen traurigen Mechanismen liegt vermutlich der Schlüssel zur geringeren Intelligenz außerordentlich schöner Menschen: Sie werden seltener verletzt. Selbstverständlich gibt es zuweilen bildschöne und trotzdem geniale Leute. Doch wenn man ihren Lebensweg studiert, wird man zum Beispiel eine schwere Krankheit finden, die sie jahrelang isolierte, eine sadistische Klosterschulerziehung, ein besonders armseliges Elternhaus oder irgendeine sonstige Anomalität, die Verwundungen ermöglichte. In der Regel ist jedoch die Umgebung vom Liebreiz eines schönen Menschen dermaßen fasziniert, daß sie – anstatt Komplexe zu züchten und immer neue Wunden aufzureißen, wie sie es bei den anderen tut – bewußt oder unbewußt am laufenden Band Komplimente liefert. Sokrates' Ausspruch über den Vorzug der Schönheit bleibt nach wie vor gültig: Bei einem wirklich schönen Menschen genügt seine bloße Anwesenheit, um ihn zum Mittelpunkt werden zu lassen.

Diese unterentwickelte Sensibilität ist es dann wieder, die es den Schönen ermöglicht, bei der Wahl ihres Partners weniger mit dem Herzen als mit dem »Verstand« zu schauen. Im Unterschied zu den anderen können sie auch ohne Leidenschaft glücklich werden – es fehlt ihnen ja nichts. So macht Geld schön, so bringt Schönheit Geld.

Und wir anderen, was tun wir? Daß es uns nichts bringt, die Reichen zu enteignen, haben wir im letzten Jahrhundert dieses Jahrtausends auf schmerzvolle Weise gelernt. Die Erfahrung hat gezeigt, daß es in den sogenannten fortschrittlichen Ländern der Unterschicht immer noch dann am besten geht, wenn sie ihre Oberschicht soviel raffen läßt, wie sie kann: Man hat diese Art Resignation »die Überlegenheit der freien Marktwirtschaft« benannt. Daß wir gegen die Schönen nichts unternehmen können, haben wir ebenfalls begriffen. Denn selbst wenn wir dazu bereit wären – wir könnten es nicht. Die Macht der Schönen ist ja gerade darum so groß, weil wir uns durch ihren Anblick nicht beraubt fühlen, sondern beschenkt.

If you can't fight them join them, sagen die Amerikaner: Wenn du sie nicht besiegen kannst, mach bei ihnen mit. Und so haben wir uns eben mangels einer gescheiterten Strategie darauf verlegt, unseren eigenen Marktwert aufzustocken, indem wir die Schönen imitieren. Wir sehen sie uns so oft es geht in Filmen an, betrachten in den Magazinen ihre Hochglanzfotos, studieren ihre Interviews, um herauszukriegen, wie und wo sie leben, was und wo sie speisen, wie und bei wem sie kaufen, wie sie sich einrichten, womit sie sich amüsieren, wohin sie verreisen.

Und dann fangen wir an, sie systematisch nachzuahmen: tragen Kleider, die den ihren gleichen, fahren die Autos, für die sie werben, frisieren uns die Haare wie sie, benutzen die Cremes und Lidschatten, die sie uns in den Anzeigenkampagnen empfehlen, lassen uns die Nasen so korrigieren, daß sie den ihren ähnlich werden, rennen in Fitneßstudios, um Körper wie die ihren heranzutrimmen, reisen zu den Orten, die sie frequentieren, lassen uns in ihren Fashion Cafés die von ihnen favorisierten Köstlichkeiten servieren.

Und auf diese Weise machen wir sie und ihre Clique – die Besitzer der Filmstudios, der Frauen- und Herrenmaga-

zine, Hotel- und Imbißketten, Textil-, Kosmetik- und Auto-
konzerne – noch ein bißchen reicher, den Abstand zwischen uns und ihnen noch ein bißchen größer. Doch schön
werden wir dabei nicht. Jedenfalls nicht »wirklich« schön:
nicht so schön wie sie.

Eines nicht so fernen Tages dieses kommenden Jahrtausends werden sie uns dann auch noch die Verschnauf-
pausen von diesem chancenlosen Wettlauf zu verkaufen
wissen: »Kommen Sie in unser neues Teheran-Hilton!
Gönnen Sie sich ein paar Tage Ferien unterm Schleier!«
Und natürlich gehen wir hin.

DIE ALTEN
RUINIEREN DAS ALTER

Als ich um die Vierzig war, schrieb ich ein Buch über das Altern, dem ich den Untertitel »Manifest gegen den Jugendkult« gab. Damals war ich noch der Meinung, daß die alten Menschen sich miteinander solidarisieren sollten, um gegen den Verlust an Ansehen einzuschreiten, den ihnen die allgegenwärtige Verherrlichung des Jungseins notgedrungen einbringt. Unterdessen habe ich aber meine Ansichten in diesem Punkt geändert. Heute denke ich, daß es die Alten selbst sind, die das Alter ruinieren – ihr eigenes und damit zugleich auch das jener Jungen, die ihnen nachfolgen müssen. Allerdings ist diese Ansicht unerwünscht: Man darf alte Menschen in unserer Gesellschaft nicht wirklich kritisieren; hier sind Mitleid und Nachsicht am Platz.

Vielleicht kommt mein Meinungswechsel daher, daß ich nun auch selbst zu den Alten gehöre. Denn da hilft kein Leugnen: Ab fünfzig ist man alt. Das ist schon an der Situation auf dem Arbeitsmarkt zu erkennen. Ein Arbeitsloser über fünfzig hat in Industrieländern kaum eine Chance, noch einmal eine Stelle zu bekommen. Was er sich selbst nicht eingestehen möchte, wird ihm heute in den Personalbüros offen ins Gesicht gesagt: zu alt. Wenn Schriftsteller Angestellte ihrer Verlage wären, könnte man mir nun also untersagen, neue Bücher auf den Markt zu bringen: Ich solle doch an all die jungen Autoren denken, die heutzutage keinen Verleger finden!

Es gibt biologische Konstanten, die uns sagen, daß das

Setzen einer solchen Grenze gerechtfertigt ist. Typische Alterserscheinungen sind die Veränderungen der Haarbeschaffenheit und der Sehkraft; sie sind nach fünf Lebensjahrzehnten bei den meisten Menschen eingetreten. Mit fünfzig hat man in der Regel zumindest leicht ergrautes Haar oder eine beginnende Glatze und braucht meist auch eine Lesebrille, da man nun an Altersweitsichtigkeit leidet.

Frauen und nach der neuen Nomenklatur auch Männer sind meist mit fünfzig in der »Menopause«: Aufgrund der hormonellen Veränderungen verliert das eine Geschlecht seine Gebärfähigkeit, während sich beim anderen immer deutlicher das Abnehmen der sexuellen Potenz abzeichnet. Das heißt, die Natur teilt uns mit, daß wir uns nicht mehr vermehren sollen, denn wir könnten Nachkommen mit hoher Wahrscheinlichkeit nicht mehr großziehen – zu alt. Alle anderen Alterserscheinungen, wie etwa das Nachlassen der Muskelkraft, sind entweder schwer meßbar, nicht konstant genug oder durch eine adäquate Lebensweise zumindest beeinflußbar. Was wäre naheliegender, als sich zu einer Benennung bekennen, die ohnehin auf einen zutrifft – und sich als »alt« bezeichnen, bevor es die anderen tun?

Denn im Gegensatz zu Schönheit ist Jugend nicht ungerecht. Jeder von uns ist einmal jung gewesen, und mit etwas Glück wird jeder einmal alt. Im Unterschied zu den Begriffspaaren schön-häßlich und reich-arm beruht jung-alt nicht auf einer gott- oder milieugegebenen Ungleichheit. Ein Motiv zum sich Benachteiligtfühlen gibt es beim Altwerden also nicht. Man könnte sogar im Gegenteil behaupten, daß jene, die man heute als Angehörige des »vierten Lebensalters« bezeichnet – die Achtzig- und Neunzigjährigen – in unserer Gesellschaft eine weitere Kaste von Privilegierten darstellen, weil sie so *reich* an Jahren sind. Was immer geschieht, ihre acht oder neun Jahrzehnte gelebten Lebens kann ihnen keiner nehmen. Dank Kernwaffen, Überbevölkerung und aufziehender Ökokatastrophen wird es jedoch immer fraglicher, ob den heute Jungen diese Art Reichtum vergönnt sein wird.

Nun sagen uns gerade diese Jungen, daß sie sich lieber umbringen würden, als dermaßen alt zu werden. Und diesen defätistischen Standpunkt haben sie leider uns, den heutigen Alten, zu danken. Wir sind es nämlich, die ihnen die Freude an ihrer ohnehin fraglichen Zukunft als Alte verderben. Anstatt alles zu unternehmen, um unseren Kindern und Enkeln das Altwerden als etwas Erstrebenswertes darzustellen, tun wir das genaue Gegenteil. Durch unser feiges, unsinniges und vor allem kurzsichtiges Verhalten degradieren wir uns und die anderen Alten zu Ausschußware, machen das Altern zu einem beschämenden Zustand, den man vor den Jungen mit allen Mitteln zu verbergen hat. Und das tun wir nicht etwa, weil wir uns vor dem Sterben fürchten: Eine Sechzigjährige, die sich als Fünfzigjährige ausgibt, kommt deswegen keinen Tag später in den Sarg. Nein, wir tun es, weil wir uns von dieser Verstellung einen wie auch immer gearteten Vorteil versprechen, weil auch wir selbst das Alter für etwas Schreckliches halten – obwohl wir es eigentlich besser wissen könnten. Die Hölle sind in diesem Fall leider nicht die anderen, sondern wir selbst.

Und an dieser Hölle laborieren wir schon seit Jahrzehnten. Denn die Sache beginnt ja früh: Mit vierzig versuchen wir wie dreißig auszusehen, mit fünfzig wie vierzig, mit sechzig wie fünfzig... Und bleiben so stets hinter unserer eigenen Zeitrechnung zurück, leben stets ein künstliches, unsynchrones Leben. Wann immer möglich, lassen wir die Jüngeren unser Geburtsjahr raten und sind glücklich, wenn sie so galant sind, sich zu irren. Nur keine Jahre zugeben! Nur keine Schwäche zeigen!

So kommt es dann, daß wir uns vor den Jungen immer wieder zum Narren machen. »Man ist so jung, wie man sich fühlt!« rufen wir ausgelassen. »Man hat das Alter, das man sich gibt!« Und dann verkleistern wir unsere Falten, färben unsere Haare, verstecken unsere Glatzen, ziehen unsere Bäuche ein und zwängen uns in die Kleider unserer Kinder. Anschließend stürzen wir in deren Diskotheken, tanzen ihre Tänze, reißen ihre Sprüche, schwingen uns auf ihre Motorräder, quetschen uns in ihre Sportwagen, flirten mit ihren Freunden. Und die ganze Zeit machen wir uns vor, daß dieser Betrug niemandem auffällt, keiner den falschen Dreißiger, Vierziger, Fünfziger überhaupt bemerkt.

Natürlich bleibt das auf die Jüngeren nicht ohne Wirkung: Wenn die Alten selbst ihre Jahre für etwas halten, das man vor der Umwelt verbergen sollte, muß das Altern ja wirklich beschämend sein. »Wenn ich einmal alt und häßlich bin...«, beginnen Teenager ihre Zukunftsvisionen. Und dieses unsinnige Begriffspaar haben wir ihnen eingetrichtert. Denn häßlich (oder auch schön) sind sie ja schon heute – später haben sie dann nur noch alt zu werden. Daß ein Alter einem Jungen nicht im sexuellen Sinn begehrenswert erscheint, liegt nicht an seiner Häßlichkeit, sondern daran, daß er nicht mehr zur Reproduktion geeignet ist. Und darauf ist er, der Junge, im Augenblick biologisch programmiert. Ein ästhetisches Werturteil ist mit seiner Vorliebe für Geschlechtspartner seiner eigenen Generation also keineswegs verbunden. Und warum auch? Daß eine Ebene reizvoller ist als ein Tal und somit Glätte ästhetischer als Faltigkeit, hat uns die Werbeindustrie mit einem Milliardenetat erst mühselig eintrichtern müssen. Doch hier geht es um den Markt für Hautcremes – über die Schönheit des Alten sagt es nichts.

»Wenn ich einmal alt und verblödet bin…« Auch diese Formel ist immer wieder zu hören. Doch außer durch Krankheit wird ein alter Mensch nicht »blöde«. In manchen Kulturen ist es sogar üblich, nach der anderen Seite zu übertreiben und zu behaupten, daß er »weise« wird. Natürlich erzählen uns Alte in der Regel nichts Neues. Doch tun das vielleicht die Jungen? Meist haben sie keine neuen, sondern lediglich oppositionelle Ideen: Das Gegenteil dessen, was ihre Eltern denken, ist ihnen gut genug. Neue Gedanken und somit Leistungen kommen normalerweise erst von Menschen jenseits der Dreißig. Und da Alte im Lauf eines langen Lebens einiges »erlebt« haben, können sie zumindest interessante Geschichten erzählen. Wenn man es richtig anstellt, ist die Unterhaltung mit einer Person über fünfzig auf alle Fälle interessanter als die mit einem jener Jungen, die ihr positives Image im großen und ganzen eher dem Jugendkult zu danken haben als ihren geflügelten Worten.

Hier muß man leider wieder einmal sagen, daß vor allem wir Frauen Weltmeister in der Beschädigung des eigenen Ansehens sind. Anstatt daß wir uns stets ein paar Jahre mehr geben, als wir im Augenblick haben, und damit uns und den anderen zeigen, daß der Wert einer Frau nicht an der Frische ihres Fleisches ablesbar ist, tun wir genau das Gegenteil. »Sie hat ihm die besten Jahre ihres Lebens geopfert«, heißt es daher auch heute noch in den Unterhaltsklagen der Scheidungsanwälte. »Ich habe ihm meine Jugend geschenkt«, echot die schluchzende Klientin beim Gerichtstermin. Und diese Verzweiflung ist ehrlich: Sie ist bereits vierzig, ihr Kapital hat in fünfzehn Jahren Ehe eine gravierende Wertminderung erfahren. Denn der Wert einer Frau bemißt sich an einem faltenfreien Gesicht, an prallen Brüsten und festen Schenkeln. So sieht es ihr Anwalt, so sieht es der Richter, so sieht sie es selbst.

Und darum gilt es als ungalant, eine Dame nach ihrem Alter zu fragen. Darum verschweigen wir Frauen, wann immer möglich, unser Geburtsjahr. Darum leugnen und fälschen wir es. Denn ein Mensch, der sich selbst als Frischfleisch begreift und das bleiben möchte, wird irgendwann an seinem Verfallsdatum manipulieren. So soll keiner dahinter kommen, daß man eigentlich schon längst nichts mehr wert ist. Was wir mit diesem Verhalten uns selbst, unseren Töchtern, unseren Enkelinnen an Schaden zufügen, fragen wir nicht.

Früher war ich, wie gesagt, der Meinung, die Alten müßten sich nur zusammenschließen, um die Diskriminierung des Alters abzuschaffen. Mit dem Zuwachs an Jahren habe ich begriffen, daß wir Alten uns selber diskriminieren. Wie leicht wäre es beispielsweise, durch entschlossenes Handeln die imageschädigende Werbung zu untersagen, die Fernsehzuschauern und Zeitschriftenlesern pausenlos suggeriert, daß Runzeln und graue Haare etwas sind, das man vor seinen Mitbürgern hinter Make-up und Tönungen zu verbergen hat – etwas Beschämendes also. Wie einfach wäre es, gerade in Zeiten sich stetig verkürzender Arbeitszeiten seinen Anspruch auf Eigenentscheidung in Fragen der Pensionierung politisch durchzusetzen. Wenn man demnächst nur noch fünf Stunden oder sogar weniger arbeitet, kann man einem Alten nicht länger sagen, daß sein Beruf seine Kräfte übersteigt. Wie lange will man sich noch vorhalten lassen, man habe seine Altersrente den Jungen zu danken, wenn man von seiner Regierung nicht einmal gefragt wird, in welchem Alter man mit dem Arbeiten aufzuhören wünscht? Wenn man bedenkt, daß die über Fünfzigjährigen überall ein Drittel der Wähler stellen, ist diese Lethargie der Alten blamabel und grotesk. Ausgerechnet sie, die nichts, aber auch gar nichts zu verlieren haben – und alles zu gewinnen! –, unterlassen es, sich zu wehren.

Inzwischen glaube ich zu wissen, woran das liegt, daß die – immerhin existierenden – Altenverbände so wenig Zulauf und darum auch so wenig Durchsetzungsvermögen haben. Um eine Altenpartei zu gründen, um einem Altenverein beizutreten, müßte man ja zunächst einmal sich selbst eingestehen, daß man dazugehört, daß man einer von denen ist – ein Alter. Und das widerspricht eben der heuchlerischen Strategie, mit der die Mehrheit von uns auch heute noch ihre Angst vor einem Zustand bekämpft, der eigentlich längst da ist. Indem wir eine Zeitspanne kaschieren und verleugnen, die am Ende dieses Jahrtausends statistisch immerhin drei Jahrzehnte dauert, ruinieren wir sie für uns selbst und für die, die uns später dahin zu folgen haben.

Darum sollte man sich mit seinem Wunsch nach Enttabuisierung dieses Sachverhalts vielleicht an die Jungen wenden. Was wir Alten hier durch unser Verhalten indirekt betreiben, müßte ja eigentlich auch im juristischen Sinn anfechtbar sein: Herabwürdigung des Alterns, Ageismus. Vielleicht sollten unsere Nachkommen uns mittels eines Musterprozesses endlich einmal zu verstehen geben, daß wir kein Recht haben, ihnen auf so schwachsinnige Weise die eigene Zukunft zu vermiesen. Denn für den unwahrscheinlichen Fall, daß unsere allerorts deponierte Kernkraft nicht mehr rechtzeitig explodiert, bleibt diese Zukunft ja auch ihnen nicht erspart.

Man sagt, das Altern sei darum so traurig, weil alte Menschen keine Aufgabe mehr haben und sich auf dieser Welt nutzlos und überflüssig fühlen. Doch gerade hier liegt ja das Mißverständnis. Wenn sie nur bereit wären, sie anzunehmen, hätten die Eltern erwachsener Kinder heute eine Aufgabe, die sowohl wichtiger, als auch schwieriger ist als jene, die sie als Eltern kleiner Kinder hatten. Wenn sie wollten, könnten sie nämlich allein durch ihr Beispiel das Ansehen des Alters von Grund auf revolutionieren. Sie könnten diese letzten Jahrzehnte, die heute immerhin fast doppelt so lange dauern wie Kindheit und Jugend zusammen, zu etwas machen, auf das man sich ein Leben lang freut – oder wenigstens zu etwas, wovor man sich nicht länger zu fürchten hat.

Der Anfang dieser Revolution könnte vielleicht darin bestehen, daß man sich an seinem fünfzigsten Geburtstag vor den Spiegel stellt und laut sagt: »Ich bin alt.« Jedoch so, wie einer, dem man einen langerwarteten Titel verleiht: mit einem Lächeln.

Doch vielleicht gehört unser im Augenblick immer dramatischer werdendes Verleugnen des Alters bereits jetzt in die Abteilung jener Tabus, die sich demnächst schon wieder auflösen werden. Die neuesten Entwicklungen auf dem Gebiet der Genetik berechtigen zu der Hoffnung, daß das Alter einer Person bereits in ein paar Jahrzehnten zu den Themen gehören wird, die man kaum noch erwähnenswert findet. Wenn dank des medizinischen Fortschritts jeder das Alter haben kann, das er sich wünscht, ist das Geburtsdatum nur noch als Hinweis auf seinen Erlebnisreichtum interessant. Und vielleicht wäre dieses Wunschalter nicht einmal in jedem Fall Jugend. Vielleicht gäbe es unter diesen neuen, nur noch innerlich greisen Wesen immer wieder das eine oder andere Original, das aussehen möchte wie sonst keiner, nämlich alt.

Spätestens dann wird aber auch das Altern zu jener Ungerechtigkeit, die heute der Besitz von Reichtum oder Schönheit darstellt. Da die Manipulationen, mit denen einem die Wissenschaft zu ewiger Jugend verhilft, sicherlich nicht ganz billig sind, werden ein paar Jahre oder Jahrzehnte nach der Jahrtausendwende nur noch die Armen alt.

WIE DIE MONARCHIE
EINE ZUKUNFT HAT

Dies ist ein eher harmloses Tabu im Vergleich zu denen, die hier bisher behandelt wurden. Doch es gibt eine Sorte reicher und oft auch schöner Menschen, die so viele Lichtjahre von unserer eigenen Existenz entfernt sind, daß sie uns eigentlich schon nicht mehr stören. Das sind, zumindest in Europa, unsere Könige und Königinnen mitsamt der kleinen Prinzen und Prinzessinnen, die sie uns nach der standesgemäßen Vermählung zu unserer großen Freude schenken. Hier fangen wir – im Gegensatz zu den nur Schönen – mit dem Nachahmen erst gar nicht an: Wir wissen, daß wir dafür zunächst einmal ein Schloß und eine Krone bräuchten. Also lehnen wir uns zurück, um diesen Ausnahmemenschen bei ihrem kuriosen Lebenswandel neidlos zuzusehen. Und wenn uns tatsächlich einmal einer von ihnen über den Weg läuft, machen wir wie alle übrigen Bürger einen Knicks oder Diener, als seien wir heute noch ihre Untertanen.

Trotzdem sind viele von uns der Meinung, daß Monarchien überholt sind. Beweisen uns doch die zahlreichen Demokratien, in denen die Funktion des Repräsentierens einem gewählten Oberhaupt überlassen wird, daß wir da oben keinen König brauchen. Und dieser Gewählte kommt sein Volk auch noch billiger als eine Familie, die sich einbildet, ihre Funktion nur von einem Palast aus erfüllen zu können. Darum geht in jenen Staaten, in denen die Bürger sich noch immer durch ein Königspaar vertreten lassen, das Interesse an der eigenen Monarchie auch mehr und mehr zurück. Falls in Ländern wie Spanien, Schweden, Holland oder Norwegen die königlichen Familien mitsamt ihrer Sippschaft über Nacht verschwänden, würden die Einwohner sich wundern. Vermissen würden sie sie wohl nicht.

Das haben die betroffenen Königshäuser natürlich auch selbst gemerkt, und darum unterlassen sie heute nichts, was sie ihrem Wunsch, trotz der Gleichgültigkeit ihrer Untertanen auch in Zukunft deren Repräsentanten bleiben zu dürfen, irgendwie näherbringen könnte. Man sieht es den Hoheiten buchstäblich an: Nur keinen Fauxpas, scheinen sie sich vor dem Verlassen ihrer Ankleidesuiten einzuhämmern. Bloß keine Skandale! Das Volk wird uns nur so lange akzeptieren, wie wir ihm Vorbild und Beispiel sind. Und weg mit den alten Zöpfen! Eine Prinzessin hat heute bescheiden aufzutreten: Jeans am Vormittag, Kostüm am Nachmittag und am Abend dann wohl etwas Langes, aber keinesfalls zu exklusiv. Die Kassiererin im Supermarkt muß sich vorstellen können, daß sie sich so etwas notfalls auch zusammensparen könnte. Modernisierung der Monarchie heißt die königliche Parole. Und darunter versteht ein Angehöriger des Höchstadels dann eben, daß er sich uns auf dem Motorrad zeigt.

Das macht die Gleichgültigkeit seiner Untertanen natürlich nur noch größer: Ein Motorrad hat man schließlich selbst. Und dieses verdankt man nicht ihm, dem sportlichen König, sondern der gegen den Willen seiner Vorfahren unter so vielen Opfern errungenen Demokratie. Vorbild oder

Beispiel könnte einem seine Königsfamilie schon gar nicht sein. Welche Autorität hat eine Sippe, die aus einer langen Reihe mehr oder weniger ausgeprägter Krimineller hervorgegangen ist? Da ließ man über Jahrhunderte Köpfe rollen, Feinde hängen, Rivalen foltern, Frauen schänden, Kinder hungern, jeden Fortschritt blockieren, jedes Menschenrecht ignorieren. Und dank der zur Erhaltung solcher Machtfülle favorisierten Inzucht wurden auch die Erbkrankheiten munter multipliziert.

Und ausgerechnet die Nachkommen dieser Kaste möchten nun ihm, dem kleinen Bankangestellten, Beispiel und Vorbild sein? Wenn er sich diese Königsfamilie tatsächlich zum Vorbild nehmen könnte, würde er sich höchstens an ihrem Lebensstandard orientieren, doch niemals an ihren Ansichten über Gott und die Welt oder gar an ihrer Familienmoral. In der misera plebs gibt es zur Treue sowieso keine Alternative, jedenfalls keine, die man sich leisten kann.

Nein, es ist der Mangel an wirklicher Dienstleistung, die dem modernen Untertanen bei seinem modernen Monarchen zu schaffen macht. Hier scheint ihm das Preis-Leistungsverhältnis nicht zu stimmen. Man hat mehr und mehr den Eindruck, daß man bei diesen ewig lächelnden Hoheiten nicht auf seine Kosten kommt. Wofür bezahlt man diese Menschen? Damit sie Motorradfahren lernen? Lächeln und Händeschütteln kann man auch von einem plebejischen Repräsentanten haben.

Das abschreckendste Beispiel unter den noch verbleibenden Monarchien ist in dieser Hinsicht wahrscheinlich das spanische Königshaus. Daß es noch immer in Amt und Würden ist, verdankt es wohl hauptsächlich dem

Umstand, daß das Volk, das es nun schon seit Jahrzehnten so keimfrei repräsentiert, zu den gutmütigsten dieser Erde zählt. Seit eine der Infantas anläßlich der Olympischen Spiele von Barcelona ein paar echte Tränen vergoß, hat es in dieser Familie keinen einzigen Beweis für ihre Leibhaftigkeit gegeben. Kein falsches Wort, kein falsches Kleid, keine falsche Gesellschaft, kein Skandal, ja, nicht einmal ein Skandälchen war zu verzeichnen. Die intimsten Fotos, die man von der Königin kennt, sind solche, auf denen sie Kinder oder Hündchen herzt. Wenn man den äußerst gutaussehenden König in Gesellschaft einer jungen Dame ertappt, darf man sicher sein, daß es sich um eine seiner Töchter handelt. Von deren Liebesleben erfährt das erstaunte Volk – erstaunt darum, weil es nicht annehmen durfte, daß derartiges überhaupt existiert – frühestens ein paar Tage vor der offiziellen Verlobung. Dann kommt das prunkvolle und trotzdem volksnahe Hochzeitsfest, und schon ist wieder alles vorbei. Die letzte Hoffnung bildet in dieser Hinsicht der von der Natur mit dem Aussehen eines wahren Märchenprinzen ausgestattete Thronfolger, doch der scheint sich am besten beim Segeln zu amüsieren. Noch zehrt die ganze Familie davon, daß Papa sich 1982 so mutig gegen ein paar Rechtsputschisten stellte. Denn daß ein König zuerst an sein Volk denkt, das war wirklich neu.

Und dennoch bin ich in den letzten Jahren zu einer Befürworterin der Monarchie geworden. Ich denke, daß diese in der Vergangenheit zwar überflüssig war – ohne die Willkür ihrer Könige wäre das Leben der meisten Völker um einiges freundlicher verlaufen –, daß sich jedoch mit unserem Eintritt in das totale Medienzeitalter auch auf diesem Gebiet einiges geändert hat. Daß man diese Veränderung nicht wahrnimmt, liegt an einem Tabu: Wir sind außerstande, unseren königlichen Angestellten mitzuteilen, was wir uns wirklich von ihnen wünschen. Und das kommt daher, daß wir uns über unsere eigenen diesbezüglichen Wünsche nicht im klaren sind. Natürlich handelt es sich hier, wie gesagt, um keine wichtige Verdrängung – da man auch ohne Monarchien überleben kann, gehört diese eher zur rührenden Art. Zudem ist sie ausschließlich auf unsere Prüderie zurückzuführen: Wie soll man seinen hochsubventionierten Royals mitteilen, was man von ihnen erwartet, wenn man es sich nicht einmal selber eingesteht?

Doch eigentlich liegen unsere Bedürfnisse auf diesem Sektor auf der Hand. Hier ist eine Familie – reich (wenn auch auf unsere und unserer Vorfahren Kosten) und schön (wenn auch erst in neuerer Zeit, in der Prinzen nicht mehr nach Stand, sondern nach Schönheit freien) –, die sich jede Extravaganz, jede Exzentrizität, jede Liebhaberei und jeden Liebhaber leisten kann und dabei soweit von uns entfernt ist, daß wir sie nicht einmal beneiden. Und was tut sie mit all diesen Möglichkeiten? Sie tut, als sei sie im Grunde wie die meisten ihrer Bürger: bescheiden, unansehnlich, brav, treu und jenseits allen sündigen Verlangens. Kurz, man gaukelt uns vor, man sei wie wir. Und langweilt uns damit zu Tode.

Denn sie sind ja nicht wie wir, diese Menschen. Und wir honorieren sie auch nicht dafür, daß sie uns etwas zeigen, das wir (der Not folgend, nicht dem eigenen Triebe) ohnehin schon kennen. Wir haben nicht über Jahrhunderte mit blutenden Händen ihre Burgen und Schlösser errichtet, damit sie uns nun von dort in einem Volkswagen entgegenbrausen. Was wir von unseren Monarchen erwarten, ist die Vorführung jenes Lebens, das wir uns selbst nicht leisten können. Der Stoff, aus dem die Träume sind, den sollen sie uns liefern! Nicht diese stümperhafte Kopie unserer eigenen Spießerexistenz!

Die eigentliche Rolle einer königlichen Sippe liegt meines Erachtens am Ende dieses Jahrtausends in einem königlichen Beitrag zum Showbusineß. Der Grundstein dafür wurde an dem Tag gelegt, als der von Popularitätsschwund bedrohte Rainier von Monaco nach Amerika fuhr, um dort um die Hand eines blonden Filmstars anzuhalten. Und wie hat uns diese mit soviel Wagemut begründete Familie seit jenem Tag beschenkt! Wie hat uns dieses Fürstengeschlecht in Atem gehalten! Kleider, Juwelen, Jachten, Playboys, Hochstapler, Mafiosi, Affären, Skandale, echte und falsche Leidenschaften, kleine und große Tragödien... Was immer man sich als einfacher Bürger wünschen konnte, hier kam und kommt es zusammen. In den einschlägigen Magazinen nehmen die Nachrichten von diesem winzigen Hof so viel Platz ein, daß man meint, es müsse sich um ein Reich von der Größe Australiens handeln. Jedes Schulkind kann uns die Namen der schönen Prinzessinnen nennen, und dies nicht nur im eigenen Ländchen, sondern auf der ganzen Welt!

Doch die eigentliche Leistung hat uns hier just zum Ende dieses Jahrtausends das britische Königshaus beschert. Vielleicht sind dessen Skandale nicht wirklich größer, doch es repräsentiert das größere Land. Wann werden die Engländer diese Windsors endlich davonjagen, fragen die Untertanen der braven Monarchien snobistisch. Ein solches Königshaus hielte sich bei uns kein halbes Jahr.

Und wie es sich halten würde! Was haben die Engländer allein einer Figur wie Prinzessin Diana zu verdanken! Und nicht nur die Engländer: Wären die weltweiten Schlagzeilen über diese Frau möglich, wenn wir nicht alle an ihrem Schicksal von ganzem Herzen teilnehmen würden? Das im Fernsehen ausgestrahlte Ehebruchgeständnis ihres Gatten hat nur in Großbritannien die Straßen leergefegt – das ihre hatte diesen Effekt auf dem ganzen Globus. Wenn die Frau des britischen Thronfolgers erzählt, wie sie ihren Mann mit dem Reitlehrer betrogen hat, das will doch keiner versäumen! Treu sein müssen wir selbst. Aber eine so reizvolle Frau, der die bestaussehenden Männer des Planeten zu Füßen liegen – hatte die nicht geradezu die Pflicht, ihr Liebesleben aufregender zu gestalten? Und genau das hat sie getan. Daß sie zu alldem noch die Großzügigkeit hatte, uns andere wenigstens indirekt an ihrem Abenteuer teilnehmen zu lassen, werden wir ihr so wenig vergessen wie ihr spektakuläres Engagement für Karitatives.

England und Monaco sind die beiden Häuser, die den anderen Monarchien den Weg in die Moderne gewiesen haben, vorausgesetzt, deren Angehörigen sind imstande, Wegweiser zu lesen. Denn das alles ist ja erst der Anfang. Die Freundinnen der sich zur Heirat rüstenden Prinzen werden auch in den konservativen Monarchien von Mal zu Mal hübscher. Egal wie er selbst aussieht: Ohne Fotomodell traut sich hier bald kein Thronfolger mehr vor sein Volk. Und wie sollte sich eine Schöne, die dann als Königin auch jeden anderen haben könnte, für den Rest ihres Lebens mit ein und demselben König zufriedengeben? Für die Fortsetzung unserer voyeuristischen Genüsse ist also gesorgt.

Und darum schreibe ich hier mit reinem Gewissen: Der Himmel erhalte uns unsere gekrönten Häupter! Hoch lebe das Königspaar, mitsamt seinen Prinzeßchen und Prinzen! Lang lebe die Monarchie!

Nachtrag

Ein paar Tage nachdem dieses Buch bei meinem Verlag in die Herstellung ging, ist Diana von Wales tödlich verunglückt. Mein erster Impuls war, dieses Kapitel zurückzuziehen – vor allem, da es sich, wie gesagt, im Rahmen dieser Thematik um eine Nebensache handelt. Doch dann beschloß ich es anders: Hatte diese englische Prinzessin sich nicht bis in den Tod hinein an die selbstgewählte Rolle gehalten?

Sie hätte sich mit ihrem herrlichen neuen Geliebten in irgendeinem Palast verstecken und ihr Glück in aller Heimlichkeit genießen können. Doch sie ließ uns daran teilhaben wie ehedem an ihrem Leid und zeigte sich just dort, wo wir die Reichen und Schönen zur Sommerzeit vermuten und folglich auch unsere Fotografen postieren. Eine Bilderflut stürzte auf uns nieder. Und je mehr sie uns von ihrer Liebe zu dem reichen Ägypter zeigte, desto mehr verlangten wir zu sehen. Unsere endlich wieder fröhliche Prinzessin auf der Jacht ihres Neuen vor der Côte d'Azur, beim Landgang in St. Tropez, auf den Pariser Champs Elysées, im familieneigenen Hotel Ritz schließlich, wo er ihr beim Dinner einen Ring im Wert eines Einfamilienhauses überreicht. Ein Heiratsantrag? Wir werden es nie erfahren.

Und zum Dank, daß diese Frau unsere Träume so perfekt erfüllte, ließen wir Massen sie von unseren Massenmedien zu Tode hetzen. Denn die Rollen waren ja noch neu: Weder wir, das moderne Volk, noch sie, die freierkorene Königin unserer Herzen, hatten Zeit, den richtigen Abstand und das rechte Maß zu finden. So blieb uns nichts als Entsetzen: Dieser Prinzessin hätten wir schon aus Eigennutz ein langes Leben gewünscht.

WIE GUT SIND VEGETARIER?

Eine weitere der vergleichsweise unwichtigen Fragen, auf die ich täglich gestoßen werde, ist die nach der Moral des Verzichts auf das Verzehren von Tierfleisch. Denn auch ich gehöre zu denen, die unter dem Einfluß der weltweiten Vegetarierbewegung immer weniger Fleisch essen. Angeekelt reagiere ich auch auf den Stierkampf, bei dem ein paar Tausend johlender Menschen das Liquidieren eines chancenlosen Tieres durch herausgeputzte Männchen als Kunstform betreiben lassen. Doch kann man den instinktiven Abscheu vor all dieser Schlächterei auch mit sachlichen Argumenten vertreten? Sind Vegetarier wirklich jene besseren Menschen, für die sie sich nicht nur selber halten, sondern als die sie auch das Gros der Tierkadaverkonsumenten respektiert?

Daß sie uns immer wieder zum Denken bringen, steht außer Zweifel. So wurden zum Beispiel in der Silvesternacht 1994 in Bremen vier von fünf Schlächtereien eines bestimmten Stadtteils angegriffen.* Schaufenster wurden zertrümmert, Einrichtungen und Handwerkszeug demoliert. Zu der Tat bekannten sich später sogenannte »Vegans«, die militante »Veganer« sind, was wiederum Vegetarier bedeutet, die auch auf Käse, Milch und Eier verzichten, vielleicht sogar auf Honig und das Tragen von Lederschuhen. Die Grundprinzipien dieser Moralisten heißen: nicht

* Die Zeit Nr. 4, 1995.

töten und nicht stehlen – also zum Beispiel der Biene nicht den Honig, der Kuh nicht die Milch, dem Huhn nicht das Ei wegnehmen. Und diese Grundprinzipien verbreiteten sie bisher ausschließlich auf friedliche Weise.

Offensichtlich hatten nun aber die weniger friedfertigen Bremer »Vegans« über soviel himmlischer Geduld ihrer Mitstreiter die ihre verloren. Am meisten brachte sie offenbar ein sogenannter »Öko-Schlachter« in Rage. Der hatte an seiner Ladentür plakatiert, daß bei ihm »schonend« geschlachtet werde.

»Fleischfressen ist Kanibalismus und Käsefressen Folter«, antworteten die Rebellen, ebenfalls schriftlich. »Schonendes Schlachten« sei ein ebenso verlogener Slogan wie der von der »humanen Todesstrafe«. Und auch ihre Wünsche für des Schlachtermeisters Zukunft hinterließen sie in schriftlicher Form: »Schlachter stirb!«

Drei Millionen Vegetarier gibt es schätzungsweise in Deutschland, und in Prozenten gerechnet sollen es in den Vereinigten Staaten noch bedeutend mehr sein. Ihre Vorstellung von einem irdischen Paradies ist etwa dieselbe, die wir anderen uns von einem überirdischen zu machen pflegen: eine Welt, in der kein Lebewesen einem anderen Gewalt antut. Wenn der Ewige uns bei unserer Ankunft in seinem überirdischen Reich mit einer köstlichen Lammkeule empfangen würde, wüßten wir augenblicklich, daß wir an der falschen Adresse sind.

Aber wieso denn, wird hier der eine oder andere verwundert fragen. Warum sollte Er uns nicht mit einer Lammkeule empfangen? Falls dies wirklich ein Paradies ist, wird einem jeder Wunsch erfüllt, und daß Lammkeule

226

meine Leibspeise ist, dürfte Er, der Allwissende, schließlich in seinem Computer haben. Man erwartet ja nicht, daß einem da drüben die gebratenen Tauben in den Mund fliegen, doch das von der Lammkeule steht doch sogar in der Heiligen Schrift! Und was ist mit den am Spieß rotierenden Kälbern und den zarten Spanferkeln, auf die man hofft? Dem *Canard au paradis*, dem *Saumon à la diable*, dem *Ragout belzebub*?

Ausgeschlossen, entgegnen wir. Im ewigen Leben ißt man gut, aber vegetarisch. Man stelle sich doch nur einen lieben Gott vor, der seine kleinen Schäfchen (die echten) zum Schlachthaus führt, um seine Engelchen mit einer gegrillten Keule zu erquicken! Der seinen Hühnern – wenn auch noch schonender als jener Bremer Metzgermeister – den Hals umdreht, weil wir für unsere himmlische Dinnerparty auf *Coque au vin* bestehen! Der seinen Rindern ein *Filet mignon* aus dem Leib tranchiert, seine Hasen zu *Lapin chasseur* verarbeitet, aus seinen Ziegen *Chèvre grand veneur* und aus seinen Kälbern *Blanquette de veau* macht! Der seinen irdischen Dienern die furchtverbreitende Erfindung von Hölle und Fegefeuer verübelt, um dann in seinem Himmel gegrillte Ferkel zu servieren! Unmöglich, nicht wahr?

Doch kehren wir auf unsere Erde zurück, um die Argumente der Vegetarier aus der irdischen Perspektive zu überdenken. Über die Berechtigung des Eier- und Honigstehlens mag man unterschiedlicher Meinung sein, doch das Abschlachten eines Tieres ist eindeutig Barbarei. Da es jede Menge Pflanzen gibt, von denen wir uns ernähren können, ist das Töten von Tieren aus niederen Beweggründen (zu kulinarischen Zwecken) regelrechter Mord. Wobei wir der

Einfachheit halber einmal annehmen wollen, Pflanzen hätten kein Gefühl und würden beim Sterben so wenig leiden wie ein Blatt Papier, das wir zerknüllen – daß also Tomaten nicht weinen, wenn wir sie pflücken, und der Kohlkopf beim Schneiden nicht aufschreit.

Dennoch gibt es ein Argument, mit dem man die Tiermörder und ihre auftraggebenden Küchentischtäter verteidigen kann. Denn ohne sie würden in unseren Regionen die meisten Tiere erst gar nicht das Licht der Welt erblicken: Welcher Bauer würde noch Schweine oder Rinder züchten, wenn sie später keiner verzehrte?

Wir morden also die Tiere und essen sie auf, schenken ihnen aber gerade dank dieses mitleidlosen Verhaltens ihr – wenn auch oft allzu kurzes – Leben. Und wenn man für sich selbst zu entscheiden hätte, ob man lieber überhaupt nicht geboren wäre oder für eine begrenzte Dauer, nach der man mit Hilfe einer Fachkraft so schmerzlos wie möglich das Zeitliche segnet – würde da nicht so gut wie jeder von uns dem kurzen Leben mit anschließender Hinrichtung und Verspeisung den Vorzug geben?

Natürlich sticht diese Rechtfertigung nur bei »tiergerechter« Haltung und, um bei der Nomenklatur des Meisters aus Bremen zu bleiben, »schonender« Schlachtung. Auch wäre es für sensible Menschen naheliegend, Speisen aus Jungtieren (Spanferkel, Kalbsschnitzel, gefüllte Küken) zu boykottieren: Deren Erdenzeit wäre sonst allzu kurz.

Auch stimmt dieses Argument nur, wenn man davon ausgeht, daß Tiere im Unterschied zu uns Menschen nicht abstrakt denken und sich somit nicht Zeit ihres Lebens vor dem Tag X zu fürchten haben. Andernfalls ließe

sich ja mit demselben Gedanken das Verbot der Kontra-
zeptiva durch die katholische Kirche verteidigen: Dürfen
die dank dieses Verbots zur Welt gekommenen und dann
später verhungernden Südamerikaner sich nicht freuen,
wenigstens vorübergehend bei uns auf Erden gewesen zu
sein?

Die seltsamerweise auch von Fleischkonsumenten so her-
ablassend behandelten Schlächter sind also nicht nur die
Mörder der Tiere, die sie ersteren dann als zerstückelte
Leichname weiterverkaufen, sondern auch die Handlanger von deren Lebensspendern, den Züchtern. Doch das
ist nicht alles, was diese verachteten Fachleute uns an
Freuden schenken. Ohne die vielen, zu Profitzwecken gezüchteten Tiere sähe auch unser Alltag und vor allem
unser Wochenende anders aus: Bauernhöfe ohne Hühner-
gegacker und Gänsegeschnatter, ohne das Meckern der
Ziegen, das Muhen der Kühe, das Grunzen der Schweine.
Weiden ohne mähende Schafherden, Almen ohne glocken-
bimmelnde Rinder, und in den Jagdrevieren kein Wild, da
auch die Jäger – die dieses nicht nur erschießen, sondern
auch dafür sorgen, daß es in der nächsten Saison wieder
etwas zu erschießen gibt – keines mehr bräuchten. So wie
wir Naturliebhaber den Leser benötigen, damit sich für
den Großgrundbesitzer das Anpflanzen der papierspen-
denden Wälder rentiert, brauchen wir den Wildleichnam-
Konsumenten, damit uns in ihnen hie und da ein Rehlein
begegnet.

Der fleischfressende Mensch ermöglicht durch sein
Verhalten also nicht nur das Leben der zu seinem Genuß
gezüchteten Tiere, sondern ist zugleich auch ein Wohltäter

jener, die darauf aus ethischen Gründen verzichten. Zumindest der aufs einfache Landleben erpichte Vegetarier – eine gar nicht seltene Kombination – profitiert bei seinem Wochenendausflug von denen, deren Haltung er unter der Woche so selbstsicher mißbilligt.

Doch da jede ethische Regel ihre Ausnahme hat, finden wir auch hier wieder eine. Ausgerechnet die so friedlich wirkenden Fischer und die so harmlos wirkenden Fischesser sind bei dieser Argumentationsweise dann jene Brutalos, die wir eigentlich unter den Metzgern, Jägern, Hähnchenzüchtern und Fleischköchen vermutet hatten. Wenn wir Fisch essen, ist dies nämlich kein indirekter Impuls, um neue Fischlein in die Welt zu setzen. Die Vermehrung von Meerestieren wird durch unsere Entscheidung für das Fischgericht weder direkt noch indirekt gefördert. Im Gegenteil: Die Zahl der Fische wird vermindert, weil ja zum Beispiel ein toter Hering nicht mehr laichen kann.

Die Fischküche ist also vom Standpunkt des Vegetariers aus tatsächlich kriminell – und gerade hier machen so viele von ihnen dann ihre Ausnahme. Ob es sich dabei um eine gerechtfertigte Bagatellisierung des Gefühlslebens von Kaltblütern handelt oder ob dies bereits ausgewachsener Tier-Rassismus ist, läßt sich schwer entscheiden. Will man uns sagen, daß ein Tier, das nicht einmal Muh machen kann, auch unser Mitleid nicht verdient?

Und darum merket, ihr »Vegans«: Nicht das Heer der Metzger, Jäger, Stierkämpfer und Kürschner repräsentiert die von euch so verabscheute Killerbande. Eigentlich sind es die Fischer, Harpuneure, Angler, Fischverkäufer und Fischkonservenfabrikanten, die ihr verachten müßtet.

Euer Slogan »Hier arbeitet ein Mörder« gehört nicht ans
Schaufenster eines Bremer Fleischermeisters gepinselt,
sondern an den Nachen des vielbesungenen Caprifischers.
Doch wo bliebe in diesem Fall eure Anhängerschaft? Wer
wollte euch in diesen Krieg noch folgen?

WOHIN WANDERT DIE SEELE?

Der französische Schauspieler und Sänger Yves Montand hat den Verfassern seiner Biographie* ein Ereignis erzählt, das ihn offensichtlich auch nach Jahrzehnten noch aus der Fassung brachte. Es ging darum, wie er kurz nach dem Krieg zusammen mit seiner damaligen Gefährtin Edith Piaf in der Wochenschau eines Pariser Kinos zum ersten Mal Bilder dessen sah, was man in deutschen Konzentrationslagern mit den Juden gemacht hatte. Wieder auf der Straße, zeigte er auf das kleine goldene Kreuz, das die Katholikin Piaf stets am Hals zu tragen pflegte, und fragte sie, wie sie an ein Wesen glauben könne, das ein solches Grauen duldet. »Aber Yves«, antwortete die Sängerin, »wer weiß denn, was diese Menschen in einem früheren Leben alles angerichtet haben mögen?«

Hier haben wir wieder einmal die alte Geschichte vom Volk der »Gottesmörder«, das zu ewiger Wiedergutmachung verurteilt ist. Sie geistert auch heute noch durchs Hirn manches Christen, nur daß er seinen Verdacht nicht mehr so unbekümmert aussprechen würde: Er wird lediglich sagen, daß alles, was auf dieser Welt geschieht, nach dem Willen des Allmächtigen ist, auch wenn dessen Entscheidungen für uns Menschen nicht immer einleuchtend sind. Mit der Geschichte von der »Blutschuld« der Juden ist er

---

* Hervé Hamon, Patrick Rotman, Yves Montand: »Du siehst, ich habe nicht vergessen«. Berlin 1991.

inzwischen zurückhaltend. Anders verhält es sich mit den Anhängern der Idee von der Seelenwanderung, mit der laut Statistik bereits die Hälfte der europäischen Jugend kokettiert – vielleicht, weil es im Zeitalter der Raumfahrt immer schwieriger wird, an die Existenz von flatternden Engeln zu glauben, vielleicht auch nur, weil die Vorstellung sich so angenehm vom Glauben der Eltern unterscheidet, ohne daß man darum gleich auf sein eigenes Weiterleben nach dem Tod verzichten müßte. Denn auch bei den Gefolgsleuten dieser Vision fällt wieder zuerst der Mangel an Bescheidenheit auf: Man hält die eigene Person ganz einfach für zu wertvoll zum Verschwinden. Außerdem glaubt man hierbei, die Wissenschaft auf seiner Seite zu haben, wie es sich für eine neue Generation geziemt: Das Gesetz von der Erhaltung der Energie sei einem doch geläufig?

In meinem Roman »Rositas Haut« habe ich ein in der Badewanne philosophierendes junges Mädchen erfunden, das die Sache folgerichtig auf den Punkt bringt:

»Hör zu«, sagt es zu seinem Geliebten, »der Mensch besteht aus einem Körper und einer Seele, hab' ich recht? ... Also gut: Wo der Körper hingeht, sehen wir alle, er geht ins Grab, hab' ich recht? Aber wohin geht die Seele? ... Auch wenn meine Seele im Augenblick unsichtbar ist, ist sie doch in mir drin: Sonst könnte ich jetzt zum Beispiel meinen kleinen Finger nicht bewegen. Die Seele ist das, was uns lebendig macht. Und wo geht dieses Lebendige hin, wenn wir sterben? Das muß doch auch irgendwohin! Und was ist logischer, als wenn's dahin geht, wo's gebraucht wird: in einen

neuen Körper? ... Und das ist nur die *eine* Seite. Jetzt
kommt die *andere*: Es gibt reiche und arme Menschen,
schöne und häßliche, hab' ich recht? Und es gibt Tiere:
kleine und große, niedere und höhere. Hast du dich
denn nie gefragt, *warum* das so ist? Das muß doch
etwas zu bedeuten haben, oder? Warum sonst sollte es
so viele Abstufungen geben? Warum sollte es überhaupt Tiere geben? An den Vegetariern sieht man
doch, daß wir sie eigentlich gar nicht brauchen! ...
Das *kann* kein Zufall sein. Aber was ist es dann? ...
Hör zu, erst wenn du denkst, daß einer, der sich in diesem Leben gut benimmt, im nächsten zur Belohnung
in einen besseren Körper kommt und ein Böser zur
Strafe in einen schlechteren, erst dann wird auf einmal
alles logisch. Und auch gerecht! Wir haben dann nämlich unser Leben selbst in der Hand – *wir* bestimmen
mit unseren Taten unsere Zukunft. Wer nachher ein
Vieh oder ein Zigeuner wird, ist selber schuld: Man
muß mit keinem von denen Mitleid haben!«

Es wäre erträglicher, wenn diese Ansicht nur die eines
vereinzelten jungen Mädchens wäre. Doch leider ist auf
diesem zynischen Gerüst ein Glaubensangebot errichtet,
das nun auch im Westen von Tag zu Tag größeren Zulauf
findet. Und weil dessen Anhänger immer mehr werden,
fühlen sie sich auch immer mehr im Recht, ohne je zu bedenken, daß die Anzahl der Jünger kein Beweis für die
Richtigkeit des Geglaubten ist. So gut wie alle Deutschen
glaubten seinerzeit an die Unfehlbarkeit ihres Führers.
  Laut Definition von Meyers Lexikon ist Seelenwanderung (Reinkarnation) der Geburtenkreislauf durch wieder-

holte Erdenleben in verschiedenen Existenzweisen, zu denen meist auch tierische und gelegentlich pflanzliche gerechnet werden. Das klassische Land des Wiedergeburtsglaubens ist Indien. Die Befreiung aus dem Kreislauf (Samsara) wird als Erlösung gesehen. In neuerer Zeit ist diese Vorstellung von der Theosophie und der Anthroposophie übernommen worden.

Wenn man im selben Lexikon unter Seele nachschlägt, so wird diese definiert als das geistige, lebensspendende Prinzip im Menschen. Gleichzeitig wird aber betont, daß die Bezeichnung Seele als wissenschaftlicher Begriff kaum noch verwendet werde. Wie wäre dies bei einer so vagen Definition auch möglich?

Wenn wir etwas nicht wissen können, müssen wir es als intellektuelles Problem aufgeben, formulierte Carl Gustav Jung: Es gebe keine Möglichkeit, Sicherheit über Dinge zu gewinnen, die unseren Verstand übersteigen. Für die Generation, die wir mit Computern aufwachsen lassen, scheint dieses Gesetz aber nicht zu gelten. Die Seele mitsamt ihrer skurrilen Wanderung ist immer mehr jungen Menschen heilig. Falls man sie fragt, wohin das Licht einer Taschenlampe geht, wenn man sie zertrümmert (wird es in die nächste Taschenlampe schlüpfen oder lieber in einer neuen Batterie auf den nächsten Käufer warten?), würden sie laut lachen: Das Licht einer Taschenlampe sei das Ergebnis des Zusammenspiels all der Elemente, aus denen eine solche Lampe besteht. Mit dem Zertrümmern der Lampe könne es natürlich auch kein Licht mehr geben.

Nur bei der Seele verstehen sie keinen Spaß. Und darum muß man sich fragen, wie es möglich ist, daß sich ein junger Mensch (oder auch ein alter) aus lauter Angst vor dem eigenen Verschwinden mit einer so grotesken und reaktionären Theorie befreundet? Reaktionär allein schon darum, weil sie das Schicksal aller von der Natur benachteiligten oder von uns Menschen mißbrauchten Kreaturen per definitionem in eine gerechte Strafe verwandelt. Die Kaste der »Unantastbaren«, hier findet sie ihre Erklärung. Und darum kann man nun reinen Gewissens rufen: »Weg da, ihr dreckiges Menschengesindel, hier kommt eine heilige Kuh!«

Selbst wenn die Anhänger der Seelenwanderung diesen Zynismus aufbringen – wie kommen sie mit der Vision eines solchen Überlebens verstandesmäßig zurecht? Kann man angesichts der Absurdität ihres Glaubens überhaupt davon ausgehen, daß sie einen Verstand besitzen? Falls wir immer wieder zu einem anderen Wesen werden (Mensch, Tier oder was es auch sei), bleibt da die Erinnerung an die früheren Inkarnationen erhalten, oder wird sie bei jedem Sterben automatisch ausgelöscht? Denn wenn wir zu einem anderen werden und dabei trotzdem unsere psychische Identität behalten, ist das neue Leben nach der soundsovielten Inkarnation ja nicht aufregender als ein neues Kleidchen und das hier gebotene ewige Leben damit so langweilig wie ein ewiger Maskenball. Natürlich ist diese logisch folgende Langeweile noch kein Beweis gegen die Möglichkeit der Seelenwanderung. Lediglich gegen die Intelligenz derer, die für sie schwärmen. Einen Beweis dafür gibt es nicht: Soll man sich an die Aussagen der unter Hypnose »rückgeführten« Naivlinge halten, die allesamt entdecken, wie prominent sie im früheren Leben waren – Fürstin, Hexe, Inquisitor, Revolutionär?

Falls wir uns *nicht* an die früheren Inkarnationen erinnern, ist dieses ewige Leben jedenfalls für uns kein ewiges

Leben mehr und der Hinduismus kein Mittel gegen unsere Angst vor dem Sterben. Denn wir wollten dank dieser Religion ja *selbst* überleben – der Tod der anderen ist nicht der, vor dem wir uns fürchten. Eine Wiedergeburt, bei der weder der Geist noch der Körper des wiedergeborenen Wesens etwas von unserem jetzigen weiß, ist die Geburt eines Fremden.

Obwohl nicht in direktem Zusammenhang stehend, gehört auch der Buddhismus in die Reihe der Absurditäten, die hier schon darum als Tabu erwähnt werden sollten, weil man mit einem eingefleischten Buddhisten nicht wirklich diskutieren kann: Ein verzeihendes Lächeln ist alles, was man von einem solcherart Erleuchteten erhoffen darf. Und auch von *diesen* Erleuchteten gibt es immer mehr, da auch sie ihren Zulauf der Schwächung der gängigen Religionen und unserer Angst vor dem Tod verdanken, selbst wenn es auf den ersten Blick so aussieht, als ginge es um etwas anderes.

Daß der Buddhismus samt seinen Spielarten als Religion gilt, liegt wohl daran, daß er – nicht zuletzt im Westen – so viele Anhänger hat. Genaugenommen ist er das Gegenteil von Gottglaube: Es gibt keine ewigen und unvergänglichen Substanzen – weder einen persönlichen Weltherrn noch unpersönliches Absolutes. Im Buddhismus kann die Erlösung also nicht von einer übergeordneten Macht her kommen, sondern von dem, der ihn praktiziert – er ist, auch nach eigener Definition, eine »Selbsterlösungslehre«.

Außerdem ist dem Buddhisten die Zugehörigkeit zu anderen Religionen nicht verboten – wer wünscht, kann zugleich Christ, Moslem oder Zeuge Jehovas sein. Aber welcher Buddhist wird das schon wünschen? Welcher rechte Buddhist – und dies wäre ein Praktikant der *reinen* Lehre – wünscht sich überhaupt etwas?

Denn das sind die »vier edlen Wahrheiten«, auf denen diese Lehre beruht:

- Alles Leben ist Leiden.
- Die Ursache des Leidens sind die Begierden, wozu auch der Lebensdurst gehört.
- Die Aufhebung des Leidens ist daher nur durch das Sichlösen von allen Begierden – also auch vom Lebensdurst – möglich.
- An deren Stelle tritt der »achtteilige Pfad«: rechte Anschauung und Gesinnung, rechtes Reden, Handeln, Leben, Streben, Überdenken und Sichversenken.

Die Belohnung für das Befolgen dieser Richtlinien ist die endgültige Befreiung vom Lebenmüssen – das Nirwana.

Ist es ein Wunder, daß dieses Paradoxon gerade unter den so verängstigten westlichen Intellektuellen immer mehr Anhänger findet? Das, was sie bisher als das Bitterste empfanden, das Sterbenmüssen, wird hier plötzlich als das Erstrebenswerteste eingestuft. Denn ob man es nun Tod nennt oder Nirwana – beides läuft auf jenes endgültige Verlöschen hinaus, vor dem sie sich so fürchten.

Zudem werden dem Patienten bei dieser Angsttherapie seit Jahrhunderten erprobte und daher unmißverständliche Anweisungen für die ambulante Behandlung mitgegeben. Um ein rechter Buddhist zu werden, muß man üben, und zwar täglich – allein das Erlernen der Kunst des »rechten Sichversenkens« kann den Schüler jahrelang in Atem halten. Wenn man ihm jedoch glauben soll, wird bei genauem Befolgen des Lehrplans das Klassenziel zu hundert Prozent erreicht: Eines schönen Tages ist die Angst vor dem Sterben tot.

Wie ließe sich diese Therapieform also bewerten? Zunächst einmal positiv: Da der Buddhist weder Begierden hat noch Ansprüche stellt, will er auch nichts von den übrigen Menschen. Noch nie hat es im Namen dieser Lehre Kriege oder Verfolgung Andersdenkender gegeben. Allerdings auch keine Lebensrettung: Die Befreiung vom Lebenmüssen ist hier ja das Ideal.

Vom theistischen Standpunkt sind diese Ungläubigen also ein Segen Gottes, vom atheistischen her darf man sagen, daß es auf dieser Erde gar nicht genug von ihnen geben kann. Doch wie sieht es bei philosophischer und medizinischer Betrachtung aus? Welchen Preis hat hier der sterbensangstgeschüttelte Patient für eine erfolgreiche Behandlung zu entrichten?

Wenn wir bei unserem in einem früheren Kapitel verwendeten Bild bleiben und davon ausgehen, daß das Leben ein Fest ist – mit allen Vor- und Nachteilen, die eine so massenhaft besuchte und nachweislich miserabel organisierte Veranstaltung haben muß –, kommen wir zu dem Schluß, daß dem Anhänger dieser Lehre der Abschied vom Leben nur darum so leichtfällt, weil man es ihm systematisch vermiest. Ein Dasein, das einem nur Leiden beschert, will man nicht eine Minute länger ertragen, als es nötig ist: Das wäre ja Masochismus!

Die Angstfreiheit des Buddhisten ist also letzten Endes mit einem abstrusen Selbstbetrug erkauft. Falls nämlich das Leben tatsächlich nur aus Leid und Qual bestünde, wie die erste seiner »edlen Wahrheiten« verkündet, wäre damit auch die ganze Lehre überflüssig. Denn in diesem

Fall hätte keiner von uns Angst vor dem Sterben – die gesamte Menschheit wäre eine buddhistische Gemeinde, die sich nach ihrem Nirwana sehnt. Die chronisch Depressiven zeigen uns, wie man das macht.

Der Erfolg der buddhistischen Angsttherapie beruht also darauf, daß man dem Patienten nur die halbe Wahrheit sagt. Denn in der Regel besteht unser Leben ja nicht nur aus Leid, sondern auch aus Freude; neben den leidvollen Tagen gibt es auch die beglückenden, und von unseren zugegebenermaßen viel zu vielen Sehnsüchten und Begierden geht zuweilen auch die eine oder andere in Erfüllung, was uns dann zumindest vorübergehend glücklich macht. Daß wir dieses Glück manchmal mit dem Unglück eines anderen erkaufen, steht auf einem anderen Blatt – dies ist nicht der Punkt, um den es dem Buddhisten geht. Laut Buddha ist Freude insofern Leid, als sie irgendwann aufhört – und dann tut's um so mehr weh. Mit anderen Worten: Buddhismus ist die Einführung in die Kunst, sein Leben als Toter zu verbringen.

Außerdem ist gerade das Ziel der Begierdenlosigkeit beim Buddhisten nicht verwirklicht: Im Buddhismus werden lediglich seine unzähligen kleinen und mittleren Begierden einer einzigen großen zum Opfer gebracht – der nach Befreiung von der Todesangst. Und dies wird erreicht, indem man alles übrige Streben als unheilbringend klassifiziert. »Schön ist eigentlich alles, was mit Sehnsucht zu tun hat«, schrieb der deutsche Dichter Christian Morgenstern. Von dieser Erkenntnis lebt auch die internationale Werbeindustrie. Den Buddhisten könnte keine Werbung mehr erreichen – für ihn ist nur noch das eigene Verlöschen schön.

Diese alten Weisheiten sind also zugleich auch die

neuen und somit die neuen weltanschaulichen Tabus, die mit der Wende zum nächsten Jahrtausend auf uns zukommen werden. Daß sie bis jetzt für jene, die hier nicht mitmachen wollen oder können, wenig oder gar nicht gefährlich waren, heißt nicht, daß dies so bleibt. Im Amida-Buddhismus, der zum Beispiel in Japan populärsten Variante, wird vom Nirwana bereits wie von einem persönlichen Heilsparadies gesprochen, in das man nicht mehr aus eigener Kraft, sondern im Vertrauen auf die Verheißung des Buddhas gelangt. Ein einziger Staatsmann, der auf die Idee käme, den Buddhismus zu untersagen, könnte theoretisch auch hier einen Glaubenskrieg entfachen: Pazifismus hin oder her, mein Nirwana lasse ich mir von keinem verbieten!

JEDER SCHWULE
IST EIN VERLUST

Alles deutet darauf hin, daß zumindest in den wohlhabenden Ländern unserer Erde die Partei der praktizierenden
Homosexuellen enorme Zuwachsraten erfährt. Vielleicht
ist dabei die absolute Zahl der Personen mit – wie nicht
allein die Kirche meint – »abartigen« sexuellen Neigung
gleich geblieben, doch die Schwulen von ehedem konnten
die ihren ja nicht ausleben: Sofern sie nicht zur Oberschicht gehörten, hätte es sie womöglich das Leben gekostet. So versteckten sie sich in Klöstern oder hinter der
Fassade bürgerlicher Ehen, wo sie dann noch ein bißchen
unglücklicher waren als die übrigen Verheirateten.

Heute sieht man die homosexuellen Paare überall. Ihre
Selbstsicherheit ist so groß, daß es nun wir Heteros sind, die
in ihrer Anwesenheit Hemmungen bekommen. Sind sie uns
doch häufig nicht nur an gutem Aussehen und Geschmack
überlegen, sondern auch an Lebensart. Wenngleich ihr Ver-
zicht auf Nachkommenschaft nicht ganz freiwillig ist, läßt
er sie uns, die wir uns auf diesem hoffnungslos überbevöl-
kerten Planeten unbekümmert weitervermehren, beinahe
als eine Art moralischer Avantgarde erscheinen: Gottes
Wiedergutmachung für die Fehlbarkeit seines geburtenför-
dernden Papstes. Ein wenig lächerlich finden wir allenfalls
ihre erwachende Heiratswut. So lange haben wir sie in der
Rolle der gesellschaftlichen Außenseiter bewundert – und
nun wollen sie auf einmal wie die allerletzten Spießer mit
dem oder der Liebsten vor den Altar? Das kann doch nicht

ihr Ernst sein! Auf alle Fälle hat es zumindest den An-
schein, als seien die Zeiten ein für allemal vorbei, in denen
man Homosexuelle verfolgt, verspottet, gefoltert oder gar
zum Tod verurteilt hat. So entsetzlich waren die Grausamkeiten, denen vor allem homosexuelle Männer über Jahr-
tausende ausgeliefert waren, daß sie den sogenannten
Normalen für immer ein schlechtes Gewissen hinterließen. Aus keinem anderen Grund als dem, daß sie es vor-
zogen, ihren Durst nach Liebe mittels Benutzung einer anderen Körperöffnung zu stillen als die Mehrheit, machte
man gleichgeschlechtlichen Verliebten das Leben zur
Hölle. Die Verurteilung Oscar Wildes ist nicht einmal hundert Jahre her. Die alleinige Strafverfolgung männlicher
Schwuler geht übrigens auf Queen Victoria zurück: Als sie
ein Gesetz zur Bestrafung von Homosexuellen beiderlei
Geschlechts unterzeichnen sollte, sagte sie: Bei Frauen
gibt's so was nicht, und strich diesen Teil! Die britische
Rechtsprechung ging dann in die internationale ein.

Die Folgen sind Schuldgefühle und ein Tabu: Bei der Be-
schreibung einer Person haben deren sexuelle Präferen-
zen, mehr noch als ihre Hautfarbe, unerwähnt zu bleiben.
Bei der Beurteilung ihres Charakters sind wir so tolerant
wie nur möglich. Sollten wir wirklich gezwungen sein,
einen Schwulen oder eine Lesbe zu kritisieren, beginnen
wir vorsichtshalber mit der Bemerkung: »Sie dürfen mir
glauben, daß ich überhaupt nichts gegen Homosexuelle
habe, aber . . .«
    Ich persönlich habe trotzdem etwas gegen Homosexu-
elle, wenn auch nur gegen die männliche Hälfte von ihnen.
Und auch nicht wegen ihrer aus der Rolle fallenden Sexual-

praxis, sondern ausschließlich aus statistischen Gründen. Die Lesbierin nimmt man als Heterofrau natürlich mit großer Freude zur Kenntnis. Zum einen, weil sie auf so liebevolle Weise den Frauenüberschuß verringert, der vor allem älteren Frauen zu schaffen macht: Erhöht nicht jede von einer Lesbe eroberte Gespielin die Chance von uns »Normalen«, am Ende doch noch einen Mann abzukriegen? Zum anderen versucht eine homosexuelle Frau ja zuweilen auch unsereine zu becircen – man weiß ja nie! Und dies hat dann zur Folge, daß man zumindest vorübergehend ausnehmend freundlich zu uns ist. Bis wir herausfinden, was es mit dieser neuen Freundin tatsächlich auf sich hat, können Monate und Jahre vergehen. Und ist es wirklich ein Grund zum Gekränktsein, daß sich da jemand auf so schmeichelhafte Weise zu uns verirrt hat?

Bei schwulen Männern verhält sich das alles aber genau umgekehrt. Nicht einmal solange wir jung sind, begegnen sie uns mit Interesse. Jedenfalls nicht mit demselben, das sie für die jungen Männer übrig haben. Und während wir dann auf der Suche nach dem Herrn unserer Träume weiterschreiten, wird uns immer deutlicher, daß es da neuerdings ein ganzes Heer von Männern gibt, für die wir Frauen praktisch gar nicht existieren.

Nicht nur das: Wir müssen miterleben, wie diese häufig sehr gutaussehenden Männer uns direkt unter der Nase die übrigen gutaussehenden Männer abspenstig machen. Sie selbst nehmen sich die Ebenmäßigen, Feinen, Hübschen und Gepflegten und lassen uns mit den Groben, Breiten, Ungehobelten zurück, denen Haarbüschel aus Nase und Ohren wachsen und die jedes Lächeln für einen Verrat an ihrer Sache halten.

Bis ein homosexueller Mann eine Frau wirklich zur Kenntnis nimmt, vergehen meist Jahrzehnte. Denn wenn dann sein angebetetes Mütterlein das Zeitliche segnet, braucht er natürlich einen Ersatz. Und wo sonst soll er ihn suchen als unter jenen älteren Damen, die – falls sie unter diesen Umständen überhaupt einen Mann bekamen – inzwischen wieder alleinstehend sind? Das war dann zwar nicht ganz das, was diese sich erträumten, doch wenigstens ist jetzt wieder ein Mann da, mit dem man ausgehen kann – sofern man bereit ist, sich beim Auftauchen eines zweiten Mannes augenblicklich zurückzuziehen.

Und dann ist da ja auch noch die Hoffnung auf den neuerdings so gerne erwähnten Bisexuellen. Doch leider ist nicht einmal diese berechtigt, weil es ihn genaugenommen gar nicht gibt. Ein sogenannt bisexueller Mann ist ein Schwuler, dessen Sexualtrieb so stark ist, daß er sich trotz seines Abscheus vor Frauen im Notfall mit einem weiblichen Partner begnügt. Seine Leidenschaft dauert nie länger als bis zum Erscheinen des ersten verfügbaren Knaben.

Und da wir schon dabei sind, müssen wir gestehen, daß da noch etwas ist, das uns in bezug auf die männlichen Homosexuellen zu schaffen macht. Gelten sie nicht landauf, landab als die mit dem besten, erlesensten Geschmack? Wer in der Welt der Künste verkehrt – unter Galeristen, Kunstkritikern, Choreographen, Theaterleuten –, wird feststellen, daß in diesen Milieus der Hetero die Ausnahme von der gleichgeschlechtlichen Regel ist. Theoretisch könnte eine hübsche Bühnenschauspielerin als Jungfrau sterben, denn außerhalb der gespielten Liebesszenen nehmen die Männer ihrer Umgebung sie nicht wahr. Die

245

wenigen Heteros in ihrem beruflichen Umfeld werden von ihren ebenfalls nach Liebe ausgehungerten Kolleginnen dermaßen umworben, daß es selbstmörderisch wäre, sich mit einem von ihnen einzulassen. Balletteusen haben es längst aufgegeben, mit ihren männlichen Tanzpartnern auch nur einen Flirt zu versuchen. Und eine junge Malerin täte gut daran, sich als junger Maler zu verkleiden. Nicht weil die hier für den Erfolg ausschlaggebenden Geschmacksmenschen Frauen diskriminieren würden, sondern weil sie sie eigentlich gar nicht sehen.

Doch nicht das Schicksal der unter diesen Umständen ihren Berufen nachgehenden Künstlerinnen ist hier zu beklagen, sind die meisten von ihnen doch attraktiv genug, um wenigstens außerhalb ihres Milieus das Interesse »richtiger« Männer zu erwecken. Wichtiger ist die Schädigung des Ansehens, das diese Anhäufung von Schwulen in all jenen Berufen, die eine feine Sensibilität erfordern, für die übrigen Frauen bedeutet. Denn heißt das nicht im Klartext, daß ein Mann, sobald er ein bißchen Geschmack entwickelt, an uns Frauen ab sofort keinen Gefallen mehr findet? Soll man sich über diese verschlüsselte Botschaft vielleicht auch noch freuen?

Wenn eine Frau behauptet, sie habe nichts gegen homosexuelle Männer, ist diese Tabuisierung kollektiven »Schuldgefühlen«, Feigheit, Verlogenheit oder Frigidität zu verdanken – oder vielleicht auch dem Umstand, daß sie selbst dem eigenen Geschlecht den Vorzug gibt. Da ist eine wachsende Anzahl Männer, der es davor graut, mit uns Frauen in eine erotische Beziehung zu treten, und die nichts unversucht läßt, den im Augenblick vielleicht noch unentschlossenen männlichen Nachwuchs zur gleichen

Haltung zu verführen. Die Zunahme der Homosexualität unter Männern zu begrüßen, hieße sich darauf freuen, daß einem vielleicht schon bald die Luft zum Atmen fehlt und daß man kein Wasser mehr findet, an dem man seinen Durst stillen könnte. Und eine solche Freude wäre doch wirklich ein bißchen pervers.

SEX, DIE LIZENZ
ZUM MENSCHENMACHEN

Wir Menschen hätten uns am Ende dieses Jahrtausends endlich von allen sexuellen Tabus befreit, heißt es. Wer keiner Kirche angehört oder um den Verlust seines Gatten bangen muß, kann heute auf diesem Gebiet ja tatsächlich tun und lassen, was er oder sie sich wünscht. Damit das Schlimmste vermieden werde, besorgen moderne Eltern ihren Kindern nun höchstpersönlich die Präservative. Und dieses Schlimmste ist längst nicht mehr der uneheliche Enkel, sondern die schreckliche Krankheit. Und darum ziehen nun auch die Schulen mit und erteilen nach bestem Wissen den anstehenden Fachunterricht. Der Staat mischt sich nur noch ein, wenn es sich um sexuelle Handlungen an Minderjährigen oder sonstwie Abhängigen handelt.

Auch in den Medien darf man heute alles sagen und zeigen, was in Worten ausdrückbar und mit Bildern illustrierbar ist. Sex sei ein Vergnügen wie jedes andere, heißt es jetzt, im besten Fall mit einer herrlichen Mahlzeit in einem exquisiten Restaurant vergleichbar, im schlechtesten mit dem Verzehr eines Hamburgers bei der bekannten Imbißkette. Und auf alle Fälle sei er kein Grund, sich über die Maßen aufzuregen. Eigentlich schade, fügt man gern hinzu. Doch keiner von uns möchte wirklich zurück in jene gar nicht fernen Jahre, in denen die Aufdeckung einer einzigen sexuellen Handlung außerhalb der Legalität des Ehebetts ein ganzes Leben ruinieren konnte. Die Zeiten, in denen man mit einem Buch wie »Lady Chatterley« die ganze zivilisierte Welt schockieren konnte, sind ein für allemal vorbei.

Doch wenn alles, was mit Sexualität zu tun hat, so natürlich geworden ist, wenn man auch die ausgefallensten Gelüste in jedem Fernsehprogramm diskutieren und in jedem Zeitungsinterview offenbaren kann, warum wird dann Sex nicht wirklich »ein Vergnügen wie jedes andere«? Warum sind unsere Magazine übervoll von Berichten über etwas, das »so natürlich wie Essen und Trinken« ist? Warum sucht der Leser literarischer Romane auch heute noch als erstes nach jenen in der Kritik hervorgehobenen »pikanten Stellen«? Wieso weisen die Literaturkritiker überhaupt noch darauf hin?

Warum können Bürger des englischsprachigen Raums den Ausdruck »fuck you« nun schon seit Jahrzehnten als Beleidigung verwenden, ohne daß er an Wirkung eingebüßt hätte? Wie ist es überhaupt möglich, daß die verbale Ankündigung, man werde mit uns sexuell verkehren oder wir sollten es mit uns selber tun, als Kränkung empfunden wird? Wenn Sex »ein Vergnügen wie Essen und Trinken« ist, warum sagt man nicht »Greif zu!« oder »Sauf dir einen!« zu jemandem, den man beleidigen möchte? Nach all der Aufklärung ist »fucking Jesus Christ« noch immer die äußerste Blasphemie, die ein US-Amerikaner sich ausdenken kann: Als wäre es das Schlimmste auf der Welt, sich den Erfinder der Nächstenliebe bei der Liebe vorzustellen. Und der Südamerikaner greift wie sein Vater und Großvater zum Messer, wenn man ihn einen Hurensohn (*hijo de puta*) nennt. Doch der Hurensohn ist der Sproß einer Dame, die es so häufig wie möglich mit Herren treibt – die dabei soviel Freude empfinden, daß sie ihr auch noch Geld dafür geben. Warum wird die Erwähnung einer solchen für beide Seiten erquicklichen Sache vom Sohn dieser Mutter auch heute noch als eine Beleidigung gesehen, für die dem, der sie ausspricht, der Tod durch Erstechen gebührt?

Der Grund für all diese Ungereimtheiten liegt darin, daß wir bei der Enttabuisierung des Sexuellen an der Oberfläche verblieben sind. Und dies darum, weil wir die Aufhebung dieses Tabus keinem authentischen Bedürfnis verdanken, sondern jenen paar Äußerlichkeiten, die dem Geschlechtsakt die Gefahr nahmen, die wir dabei am meisten gefürchtet hatten: die versehentliche Zeugung eines Kindes. Dank der Pille und der Möglichkeit des Abbruchs unserer Schwangerschaft können nun wir Frauen – zumindest in den privilegierten Regionen – selbst entscheiden, ob einem Akt der Liebe die Entstehung eines Menschen folgt.

Die Tatsache, daß man mit diesem Akt auch heute noch jene Personen herstellt, die wir dann unsere Kinder nennen, ist jedoch geblieben. Und über all der Aufklärung, all dem Gerede über wann, wo, mit wem, über Stellungen und erogene Zonen, Frigidität und Erektionsprobleme ist so ein neues Tabu entstanden. Fast hat man den Eindruck, als würde der ganze verbale Umtrieb nur darum stattfinden, damit wir leichter vergessen können, was das eigentliche Interessante am Sexuellen ist. Und darum darf man heute über den Geschlechtsakt alles sagen, solange man nicht erwähnt, daß er die ernsteste aller möglichen Handlungen ist: die Veranlassung neuen Lebens, die Lizenz zum Menschenmachen. Und damit zugleich die zum Töten: Da alle Menschen sterben müssen, sind Eltern immer zugleich die Schöpfer und die Mörder ihrer Kinder.

Dank dieser Eigenart ist und bleibt der Geschlechtsakt die folgenschwerste aller Taten, zu der wir als Menschen befähigt sind. Folgenschwerer als die Entscheidung zum Selbstmord, da es sich beim Zeugen um das Leben und somit auch um den Tod eines anderen handelt. Wenn es eine Handlung gibt, die das Beiwort »heilig« verdient, so ist es dieses Vergnügen, das wir eins »wie jedes andere« nennen. Doch wer würde es wagen, dies heute in einer Fernsehrunde auszusprechen? Nicht einmal ein Geistlicher möchte als dermaßen hinterwäldlerisch gelten.

Und dies ist der eigentliche Grund, warum wir auf allzu persönliche Anspielungen auf unser eigenes Sexualverhalten oder das unserer Erzeuger so allergisch reagieren. Weshalb wir den Zuruf »Fuck you!« nicht mit einem freudigen »Thank you, Sir!« quittieren. Jetzt, da die Verbote weg sind, wird es offenkundig: Es waren nicht nur die Eltern, die Kirche, die Gesellschaft, die uns untersagten, im Sexualakt »ein Vergnügen wie jedes andere« zu sehen. Wir selbst sind es gewesen. Und wir taten es aus einer heidnischen Angst vor Blasphemie.

Und so werden wir es wohl auch in Zukunft halten – trotz unseres lockeren Geredes. Eine Frau mit vielen Liebhabern wird bei den Männern niemals so geachtet sein wie eine mit wenigen. Anstatt daß sie in deren Wertschätzung steigt – da ist ja nun endlich eine, die im Sex ganz schlicht ein Vergnügen sieht –, werden sie sie eine Hure oder Nymphomanin nennen. Auf keinen Fall wird man eine, die sich beim Geschlechtsakt dermaßen amüsiert, zur Mutter seiner Kinder machen. Und wir Frauen werden einen Mann mit vielen »Weibergeschichten« weiterhin abfällig als Playboy oder Schürzenjäger bezeichnen, niemals aber als »richtigen« Mann. Denn dies wäre einer, der nach der Zeugung unseres Kindes wenigstens ein paar Jahre bei uns bleibt.

Natürlich wird sich das alles eines Tages ändern. Und zwar in dem Augenblick, da wir unsere Kinder endgültig auf künstlichem Weg erzeugen und statt im Leib der Mutter in wohltemperierten Behältern austragen lassen. Junge Mädchen werden dann nach der Geschlechtsreife ein paar Eier bei den Eierbanken deponieren, junge Männer ihren Samen anstatt in den Leib der Geliebten in die Reagenzgläser der Samenbanken ergießen. In diesem Fall wird wohl der Gang zum Labor zur heiligen, tabubelegten Handlung. Und wenn sich dann unter dem Mikroskop, bei Orgelklang vielleicht, unser aufgetautes Ei mit dem aufgetauten Spermium des Geliebten vereint, kommen uns sicherlich die Tränen. Doch vielleicht entscheiden wir uns auch für den alternativen Zeugungsakt und lassen unsere Kinder klonen. Zuerst einen Jungen wie den Papi, dann ein Mädchen wie Mamilein.

Dies wird auch die Zeit sein, in der die Burschen am Strand anstatt Badehose Maske tragen, weil ja ein unbekleidetes Gesicht weit intimere Auskünfte gibt als ein unbedecktes Glied. Und auf den Parties werden Mädchen im heiratsfähigen Alter mit frischgeföhntem Schamhaar glänzen, ihre Hände jedoch kokett unter seidenen Handschuhen verbergen. Denn eine nackte Hand ist doch nun wirklich aufreizender als ein Büschel Haare auf dem Unterleib. Wie konnten die Großmütter dies übersehen?

Denn das, was wir heute mit soviel Aufwand zu vergessen suchen – den Zusammenhang zwischen Sex und

Menschenmachen –, ist dann wohl endgültig aus dem kollektiven Gedächtnis gestrichen. Aber soweit sind wir am Ende dieses Jahrtausends noch nicht.

VERZEICHNIS DER VERÖFFENTLICHUNGEN VON ESTHER VILAR

Prosa

Der dressierte Mann (Streitschrift). München: Bertelsmann 1971.

Die Lust an der Unfreiheit (Essay). München: Caann 1971.

Das polygame Geschlecht (Essay). München: Caann 1974.

Das Ende der Dressur (Essay). München: Droemer 1977.

Die Fünf-Stunden-Gesellschaft (Wirtschaftsmodell). München: Langen Müller/Herbig 1978.

ALT. Manifest gegen die Herrschaft der Jungen (Streitschrift). München: Langen Müller/Herbig 1980.

Bitte keinen Mozart (Wirtschaftsbuch für Kinder). München: Langen Müller/Herbig 1981.

Die Antrittsrede der amerikanischen Päpstin (Religious fiction). München: Langen Müller/Herbig 1982.

Die Mathematik der Nina Gluckstein (Novelle). München: Scherz 1985.

Der betörende Glanz der Dummheit (Essay). Düsseldorf, Wien, New York: Econ 1987.

Rositas Haut (Roman). Düsseldorf, Wien, New York: Econ 1990.

Die 25-Stunden-Woche. Arbeit und Freizeit in einem Europa der Zukunft. Düsseldorf, Wien, New York: Econ 1990.

Die Erziehung der Engel (Essay; Bühnenstück). Düsseldorf, Wien, New York: Econ 1992.

Heiraten ist unmoralisch (Essay). Bergisch Gladbach:
Gustav Lübbe 1994.
Katholikinnen aller Länder, vereinigt Euch! (Streitschrift).
Bergisch Gladbach: Gustav Lübbe 1995.

Bühnenstücke

Helmer im Puppenheim
Liebeslied für einen ruhelosen Mann
Die amerikanische Päpstin
Die Mathematik der Liebe
Die Strategie der Schmetterlinge
Rothschilds Nachbar
Stundenplan einer Rache
Die Erziehung der Engel
Das Lächeln des Barrakuda
Tee in Richmond
(sämtlich im Per H. Lauke Verlag, München).

Originalausgabe

Copyright 1998 by Gustav Lübbe Verlag GmbH,
Bergisch Gladbach

Textredaktion: Arnd Kösling
Schutzumschlag: DYADEsign, Düsseldorf, unter
Verwendung eines Fotos von Isolde Ohlbaum
Satz: Agentur Bosbach, Köln
Gesetzt aus der ITC Slimbach Buch
von Linotype-Hell Vertrieb GmbH, Heidelberg
Druck und Einband: Friedrich Pustet,
Regensburg

Printed in Germany
ISBN 3-7857-0905-6

5   4   3   2   1